UTB 4318

W0086069

Eine Arbeitsgemeinschaft der Verlage

Böhlau Verlag · Wien · Köln · Weimar
Verlag Barbara Budrich · Opladen · Toronto
facultas · Wien
Wilhelm Fink · Paderborn
A. Francke Verlag · Tübingen
Haupt Verlag · Bern
Verlag Julius Klinkhardt · Bad Heilbrunn
Mohr Siebeck · Tübingen
Nomos Verlagsgesellschaft · Baden-Baden
Ernst Reinhardt Verlag · München · Basel
Ferdinand Schöningh · Paderborn
Eugen Ulmer Verlag · Stuttgart
UVK Verlagsgesellschaft · Konstanz, mit UVK/Lucius · München
Vandenhoeck & Ruprecht · Göttingen · Bristol
Waxmann · Münster · New York

Stark fürs Studium

herausgegeben von
Helga Esselborn-Krumbiegel

HELGA ESSELBORN-KRUMBIEGEL

Tipps und Tricks bei Schreibblockaden

FERDINAND SCHÖNINGH

Die Autorin:
Helga Esselborn-Krumbiegel, Studium der Germanistik, Anglistik und Komparatistik in München, Bristol (England), Bonn und Köln. Promotion in Germanistik, Lehrtätigkeit an der Universität Köln, Ausbildung in Poesie- und Bibliotherapie. Leitet das Schreibzentrum Köln. Zahlreiche Publikationen zur Didaktik wissenschaftlichen Schreibens, zum Bildungsroman, zur Autobiographie und über Hermann Hesse.
Kontakt: www.schreibzentrum-koeln.de

Umschlagillustration: Roberto Chessa

Online-Angebote oder elektronische Ausgaben sind erhältlich unter **www.utb-shop.de**

Bibliografische Information der Deutschen Nationalbibliothek

Die Deutsche Nationalbibliothek verzeichnet diese Publikation in der Deutschen Nationalbibliografie; detaillierte bibliografische Daten sind im Internet über http://dnb.d-nb.de abrufbar.

© 2015 Ferdinand Schöningh, Paderborn
(Verlag Ferdinand Schöningh GmbH & Co. KG, Jühenplatz 1, D-33098 Paderborn)

Internet: www.schoeningh.de

Printed in Germany.
Herstellung: Ferdinand Schöningh, Paderborn
Einbandgestaltung: Atelier Reichert, Stuttgart

UTB-Band-Nr: 4318
ISBN 978-3-8252-4318-0

Inhalt

1. Schreiblust statt Schreibfrust

1. Schreiblust statt Schreibfrust

Kennen Sie das Gefühl, an einer Aufgabe zu sitzen, ohne Unterbrechung, ohne Ablenkung und überhaupt nicht zu merken, wie die Zeit vergeht? Sie sind so motiviert und konzentriert, dass Sie alles um sich herum vergessen und ganz bei dieser einen Aufgabe sind? Kommt Ihnen diese Situation bekannt vor? Dann können Sie sich ungefähr vorstellen, wie es sich anfühlt, im Zustand des „Flows" zu sein. Flow ist das Hochgefühl engagierten, freudigen und störungsfreien Handelns, ein kreativer Zustand, der die Menschen völlig in ihrer jeweiligen Aktivität aufgehen lässt. Sie richten ihre Aufmerksamkeit effektiv auf ihre aktuelle Tätigkeit und haben das Gefühl, den Produktionsprozess jederzeit kontrollieren zu können. – Aber wie entsteht Flow? Wie lässt sich dieser kreative Zustand erreichen?

Der Psychologe Mihaly Czikszentmihalyi, der Chirurgen, Schachmeister, Schriftsteller, Sportler und Musiker nach ihren Flow-Erfahrungen befragte, formuliert vor allem drei Erfolgsfaktoren, die auch für flüssiges, störungsfreies Schreiben gelten:

1. Übereinstimmung von Anforderung und eigenem Können
2. klare Ziele
3. Kontrolle über den Prozess

Schauen wir uns die Faktoren im einzelnen an:
1. Übereinstimmung von Anforderung und eigenem Können
Wenn die Anforderungen im Vergleich zum eigenen Können zu hoch sind, entsteht Angst, die den Schreibprozess lähmt. Angst beeinträchtigt sowohl die Leistungen des Kurzzeitgedächtnisses als auch die Konzentration und die Kontrolle über das eigene Denken. Ängstliche Schreibende bemühen sich krampfhaft, den eigenen hochgesteckten Erwartungen zu

genügen, bekommen aber ihre Gedanken nicht in den Griff und können deshalb den Schreibprozess nicht hinreichend kontrollieren. Das Ergebnis ist ein wirres Durcheinander von Gedanken oder eine scheinbar unüberwindbare Schreibblockade.

Was tun? Reduzieren Sie den Schwierigkeitsgrad Ihrer Schreibaufgabe. Überlegen Sie bei der Wahl Ihres Themas, ob Sie lieber empirisch oder theoretisch arbeiten. Grenzen Sie Ihr Thema stärker ein, wenn Sie glauben, den Überblick zu verlieren. Bringen Sie bei empirischen Arbeiten Ihre methodischen Fertigkeiten auf den aktuellen Stand. Verschaffen Sie sich frühzeitig einen Überblick über die Literaturlage. Formulieren Sie früh im Arbeitsprozess vorläufige Hypothesen. Zügeln Sie Ihren Perfektionismus: Machen Sie sich z.B. klar, dass Sie nur eine Hausarbeit schreiben, von der keine bahnbrechenden Erkenntnisse erwartet werden. Gehen Sie schwierige Passagen oder Aufgaben langsam an, nehmen Sie sich für jeden Schritt genügend Zeit, planen Sie Pausen ein und laden Sie rechtzeitig Ihre Energiebatterien wieder auf.

Nicht weniger lähmend als das Angst-Szenario wirkt sich aber auch Langeweile auf den Schreibprozess aus: Gelangweilte Schreibende haben oft das Gefühl, der interessante Teil der Arbeit sei nach der Lektüre der Forschungsliteratur eigentlich vorbei. Jetzt komme es nur noch darauf an, das Ganze aufzuschreiben. Da sie sich davon keine neuen Erkenntnisse erwarten, langweilt sie diese vermeintliche Routineaufgabe, weil sie nie die Erfahrung gemacht haben, wie spannend der Schreibprozess selber sein kann, wie neue Zusammenhänge auftauchen und Einsichten vertieft werden können. Langeweile jedoch behindert generell die Aufmerksamkeit und verlangsamt das Denken.

Was tun? Erhöhen Sie den Anforderungsgrad Ihrer Aufgabe, indem Sie z.B. einen so bisher unbehandelten Aspekt Ihres

Themas, den Sie selber spannend finden, in den Mittelpunkt Ihrer Arbeit stellen. Wenn Sie eine Studienabschlussarbeit vor sich haben, melden Sie Ihr Thema offiziell an, um sich selber eine verbindliche Frist zu setzen und so den eigenen Arbeitsdruck leicht zu erhöhen. Schreiben Sie, wenn ein Textstück Sie vorübergehend langweilt, an einem anderen Abschnitt weiter, der gerade interessanter erscheint. Bauen Sie später Ihre Puzzleteile zusammen. Wenn im Laufe des Schreibens Ihr Interesse nachzulassen droht, stellen Sie sich einen kritischen wissbegierigen Leser vor, den Sie unbedingt für Ihre Thesen gewinnen wollen.

Zu hohe und zu geringe Erwartungen schaden dem Schreiben offensichtlich in ähnlicher Weise. Achten Sie deshalb darauf, Ihr Arbeitsprojekt wenn möglich so zu wählen, dass Sie sich den Anforderungen gewachsen fühlen, die vor Ihnen liegende Aufgabe Sie aber zugleich hinreichend fordert.

2. Klare Ziele

Erfolgreich und mit Freude schreiben können Sie nur, wenn Sie klare Ziele vor Augen haben und wissen, wie Sie diese Ziele erreichen können. Dafür müssen Sie zunächst in Erfahrung bringen, was von Ihren verlangt wird. Um Regeln verstehen und befolgen zu können, brauchen wir Rückmeldungen, die uns jeweils sagen, wann wir etwas richtig und wann wir etwas falsch gemacht haben. Die Anforderungen können Sie einerseits im Gespräch mit Ihren Dozenten und Dozentinnen erfragen, indem Sie z.B. vor Schreibbeginn eine zentrale Frage für Ihre Arbeit formulieren sowie eine detaillierte Gliederung entwerfen und um Rückmeldung bitten. Sie können sich aber auch einige gut bewertete Hausarbeiten oder Bachelorarbeiten ansehen und selber daraus Maßstäbe ableiten. So werden Sie nach und nach Ihr eigener Coach und können sich selber Rückmeldung auf Ihre Texte geben.

3. Kontrolle über den Prozess

Das Gefühl, den Schreibprozess kontrollieren zu können, ist für das Flow-Erlebnis beim Schreiben sehr wichtig. Sobald Anforderungen und eigenes Können einander entsprechen, entwickelt sich die Überzeugung, Herr/Frau im eigenen Haus zu sein.

Wenn Sie dagegen beim Schreiben keine Ordnung mehr in Ihren Gedanken herstellen können und die Menge der Informationen Sie zu überschwemmen droht, dann experimentieren Sie mit verschiedenen Struktursskizzen, blenden Sie vorübergehend zu vielschichtiges Material aus oder unterteilen Sie die komplexe Aufgabe des Strukturierens in lauter handliche Teilaufgaben. Legen Sie erst einmal fest, welche Behauptungen und Informationen überhaupt in Ihrem Text vorkommen sollen, zeichnen Sie anschließend ein Bild oder ein Flussdiagramm, das die Beziehung der Gedanken untereinander abbildet und bringen Sie Ihre Gedanken erst dann in eine sinnvolle Reihenfolge. Jetzt haben Sie eine erste vorläufige Struktur für Ihren Text und zugleich das gute Gefühl, Ihr Schreiben im Griff zu haben.

Um Flow im Schreiben zu erleben, kann man ganz unterschiedliche Strategien einsetzen, die den Schreibbeginn erleichtern und den Schreibfluss in Gang halten. Dieses Buch stellt Ihnen deshalb eine breite Palette von Anregungen und Übungen vor, die Schriftstellern und Wissenschaftlern abgelauscht sind. Professionell Schreibende erleben selber immer wieder Schreibblockaden und haben deshalb ihre je eigenen Strategien entwickelt, um ins Schreiben zu kommen und im Schreiben zu bleiben. Wenn wir ihnen über die Schulter schauen, gewinnen wir Einsichten und Anregungen für das eigene wissenschaftliche Schreiben. Wenn Sie die Anregungen der Profis selber nachlesen möchten, finden Sie nach jedem Zitat einen Hinweis auf das im Literaturverzeichnis aufgeführte Werk und die entsprechende Seite.

Sie können dieses Buch systematisch durcharbeiten und verschiedene Strategien nacheinander ausprobieren. Sie können aber auch nach Lust und Laune einfach in dem Buch schmökern und dort in die Lektüre einsteigen, wo Sie sich besonders angesprochen fühlen.

Wählen Sie unter den angebotenen Tipps und Tricks diejenigen aus, die *Ihnen* das Arbeiten erleichtern. Achten Sie dabei darauf, neue ungewohnte Strategien mehrmals auszuprobieren, bevor Sie entscheiden, ob die jeweilige Anregung für Sie hilfreich ist. Erfahrungsgemäß sträubt sich nämlich unser routiniertes Denken gern gegen Veränderungen. Erst wenn der neue Weg nicht mehr ganz so ungewohnt ist, können wir wirklich Nutzen aus den Anregungen und Übungen ziehen. Probieren Sie möglichst viele Anregungen aus, und entscheiden Sie dann, welche Arbeitsweise Sie von Fall zu Fall übernehmen möchten. Jeder und jede Schreibende hat andere Vorlieben, andere Stärken und Schwächen. Prüfen Sie, was *Ihnen* hilft!

Versuchen Sie aber zu allererst, mit der folgenden kurzen Schreibübung Ihren Schreibhemmungen auf die Spur zu kommen: Betrachten Sie den Schreibprozess einmal aus der Perspektive des Textes, der von Ihnen geschrieben werden soll. Dieser Perspektivenwechsel ist ein bewährtes wissenschaftliches Verfahren, um zu neuen Einsichten zu kommen. Anstatt also theoretisch über die Ursachen unserer Schreibblockaden nachzudenken, schreiben wir darüber. Dieser Text soll seinen eigenen Frustrationen Luft machen, die Schwierigkeiten seines Verfassers benennen; er kann ihn aber auch loben.

ÜBUNG

Versetzen Sie sich in die Lage des Textes, den Sie schreiben wollen. Stellen Sie sich vor, was der Text über Sie als seinen Verfasser/seine Verfasserin zu sagen hätte. Beginnen Sie mit den Worten: „Ich bin der Text von ..." Schreiben Sie nur ungefähr eine Seite. Diese Übung sollte nicht länger als 20 Minuten dauern. Entdecken Sie anschließend anhand Ihres Textes Ihr „Lieblingsproblem", das Problem, das Ihnen das Schreiben vor allem schwer macht. Formulieren Sie Ihr Lieblingsproblem in einem einzigen Satz.

Wer schreibt, glaubt oft, dass sein Text aus sprachlichen Gründen misslingt: „Ich kann mich einfach nicht ausdrücken!" klagen viele Studierende. Sprachliche Schwächen sind jedoch oft nur die „Spitze des Eisbergs". Darunter verbergen sich meist andere Ursachen wie die Unkenntnis wissenschaftlicher Darstellungsformen, Schwierigkeiten bei der Strukturierung des Materials, fehlende Planung und viele andere Defizite. Die vorgestellte Schreibübung führt uns deshalb erst einmal mitten in unsere Schreiberfahrungen hinein. Durch den Wechsel der Perspektive erfahren wir mehr über unsere eigenen Stärken und Schwächen.

Bei Schreibblockaden ist es vor allem wichtig, den unüberwindbar erscheinenden Berg vor uns in lauter kleine Stücke zu zerschlagen. Auf diese Weise verschwindet die Angst vor dem leeren Blatt und wir sehen uns stattdessen konkreten Schwierigkeiten gegenüber, die wir nach und nach angehen und bewältigen können. Wahrscheinlich sehen Sie mehr als nur ein einziges Problem vor sich. Dennoch sollten Sie zunächst einmal nur das wichtigste Problem, Ihr „Lieblingsproblem", angehen. Es ist nämlich gut möglich, dass sich die anderen „von selbst" lösen, sobald der Knoten erst einmal geplatzt ist.

2. Ideen finden

2. Ideen finden

Schreibunlust macht sich oft breit, wenn wir das Gefühl haben. keine eigenen Ideen zum Thema entwickeln zu können und stattdessen nur Bekanntes und schon vielfach Dargestelltes zu wiederholen. Aber wie kommt man auf eigene Ideen zu einem Thema?

2.1 Arbeitsjournal

Wissenschaftler unterschiedlicher Disziplinen haben zu allen Zeiten wissenschaftliche Tagebücher geführt, um Lesesplitter und eigene Einfälle festzuhalten. Tun Sie es ihnen nach und legen Sie ein eigenes wissenschaftliches Journal an.

 Das Misstrauen gegen das eigene Gedächtnis ist der erste Schritt aller Erkenntnis. Darum sollten Sie jeden Gedanken und jeden Gedanken des Gedankens sogleich notieren *(Wolf-Dieter Narr, dt. Politikwissenschaftler, geb. 1937 und Joachim Stary, dt. Pädagoge, geb. 1950; 32,11).*

Notieren Sie in einem Merkheft oder Ringbuch in unregelmä-
ßigen Abständen Ihre Eindrücke: Fragen der Forschung, eigene
Fragen zur Forschung, die Sie gerade lesen, literarische Werke,
Quellen, Autoren, Notizen in Zeitungen, Ideensplitter in Vorlesungen, Hinweise in Fußnoten, Zitate, Abbildungen, Film- und
Videoszenen, interdisziplinäre Zusammenhänge, Hinweise auf
Tagungen – kurz: alle Stichworte, die Ihre Neugier wecken. Hin
und wieder können Sie entspannt in Ihrem Journal blättern und
den Impulsen folgen, die Ihre Notizen für ein Thema hergeben.
Stellen Sie auch immer einmal wieder eine Liste derjenigen
Themen zusammen, über die Sie gern schreiben würden. Holen Sie sich bei Ihrer nächsten Themensuche Anregungen aus
dieser über längere Zeit geführten Liste.

Hanns-Josef Ortheil berichtet, dass er seine Arbeitsjournale
chronologisch führt, indem er Tag für Tag kurz notiert, was ihm
wichtig war, womit er sich beschäftigt hat. So ergibt sich nach
und nach eine Geschichte der eigenen Interessen und Vorlieben
(Hanns-Josef Ortheil, dt. Schriftsteller, geb.1951; 3, 40).
Vielleicht sind Sie gerade auf der Suche nach einem Thema für
Ihre Abschlussarbeit? Dann können Sie Ideen aus Ihrem Journal
weiterverfolgen, Querverbindungen zu ähnlichen Forschungsfel-
dern entdecken und Fragestellungen ausprobieren. So nehmen
Sie Ihre Entwicklung zu einem Mitglied der Scientific Communi-
ty selbst in die Hand, entscheiden selbst, wo Sie in den wissenschaftlichen Diskurs eintreten. Natürlich sind dieser Wahlfreiheit
durch Studienordnungen und Seminarangebote Grenzen gesetzt. Sobald Sie jedoch die Richtung Ihres wissenschaftlichen
Interesses in etwa kennen, können Sie selbstständig ein Thema
wählen oder einen Arbeitsbereich vorschlagen, in dem Sie bereits Kenntnisse erworben und Ideen gesammelt haben. Bei einer
Abschlussarbeit, die durch eigene wissenschaftliche Neugier un-
terstützt wird, treten erfahrungsgemäß viel weniger Schreibkrisen auf als bei einer fremdgelenkten Arbeit.

Ich führe täglich Notizbuch und schreibe mir Zeilen, Wendungen, Bilder, Motive auf – und die gruppieren sich im Laufe der Zeit zu einem Gedicht. Irgendwann finde ich die tragende Idee, die tragende Metapher oder die Überschrift, irgend etwas, das diese Schnipsel an sich zieht. Und dann gehe ich turnusmäßig meine Notizbücher der letzten Monate durch und merke: Aha, das hier führte schon in diese Richtung. Dann reiße ich die entsprechenden Blätter heraus, sortiere sie auf meiner Schreibplatte und montiere daraus das Gedicht. Es sind also schon fertige Brocken, die als Versatzstücke hineinkommen (*Uli Becker, dt. Schriftsteller, geb.1953; 19, 56*).

Auch wenn Sie keine Gedichte, sondern wissenschaftliche Hausarbeiten schreiben, kann die Arbeit mit einem Notizbuch Ihnen helfen, Zusammenhänge zu entdecken: Sie stoßen auf Themengebiete, für die Sie sich über längere Zeit immer wieder einmal interessiert haben, und sehen plötzlich die „tragende Idee", die Fragestellung oder Hypothese, der Sie nachgehen möchten. Auch „fertige Brocken" werden Sie in Ihren Notizen immer wieder finden: Formulierungen, die Sie sich notiert haben, weil sie besonders präzise sind, oder eigene Zusammenfassungen fremder Texte, die Sie in Ihre Arbeit einbauen können.

 Ich schreibe zunächst mal, das ist die wichtigste Arbeit, unzählige Notizen auf kleine Karteikärtchen, die ich immer dabei habe. Oder ich murmle was in mein Diktaphon. Diese Notizen müssen dann leider abgeschrieben werden. Das mache ich mit dem Computer. Und daraus ergibt sich eine Fülle von disparaten Einfällen, die sich erst allmählich um ein bestimmtes Thema arrangieren. Die Zettelchen versammeln sich in Karteikästchen, um da später was zu werden *(Sten Nadolny, dt. Schriftsteller, geb.1942; 19, 72)*.

Statt eines Arbeitsjournals können Sie also auch Karteikarten verwenden. Beschriften Sie jede Karteikarte in einer Ecke mit einem Kürzel, das den Sachbereich oder den Unteraspekt angibt, zu dem die jeweilige Idee passt. Auch einfache Zettel, „Denkblättchen", wie Marie Luise Kaschnitz sie nennt, sind als Gedankenstütze ebenso nützlich (Marie Luise Kaschnitz, dt. Schriftstellerin, 1901-1974; 23, 33).

Karteikarten können Sie auch spielerisch zum Fortspinnen Ihrer Ideen einsetzen: Mischen Sie Ihren Kartenstapel, decken Sie zwei oder mehr Karten auf, lesen Sie die Stichworte und fragen Sie sich nach der Verbindung zwischen diesen beiden Begriffen, nach Ähnlichkeiten und Unterschieden.

Ein möglicher Nachteil von Karteikarten ist, dass sie sich nicht einfach einmal zur schnellen Orientierung durchblättern lassen. Es fällt deshalb schwerer, den Überblick über ganz unterschiedliche Ideen und Impulse zu behalten.

 Lass dir keinen Gedanken inkognito passieren und führe dein Notizheft so streng wie die Behörde das Fremdenregister *(Walter Benjamin, dt. Schriftsteller und Philosoph, 1892-1940; 32, 17).*

Wir sind es nicht gewohnt, unsere flüchtigen Einfälle ernst zu nehmen und sofort zu notieren. Dadurch entgehen uns aber oft wichtige Hinweise und Ideen, auf die wir später zurückgreifen könnten. Versuchen Sie also, jeden Gedanken, jede Frage, die bei der Lektüre, in Vorlesungen und Seminaren oder einfach beim lockeren Assoziieren auftaucht, festzuhalten.

 TIPP

Wenn Sie demnächst Ihre Studienabschlussarbeit planen, fangen Sie *heute* an, ein Arbeitsjournal zu führen. Notieren Sie möglichst täglich kurz, welche Anregungen/Fragen Ihnen im Laufe des Tages begegnet sind.

Hanns-Joseph Ortheil berichtet in seiner Vorlesungsreihe „Wie Romane entstehen" über ein etwas differenzierteres System der Notizverwaltung:

 Aus diesem umfangreichen Stoff-Ensemble [den „Notizbüchern", in denen Ortheil seine Einfälle und Fundstücke festhält, E.-K.] entstehen mit der Zeit […] „Themenfelder" oder „Thementerrains", für die ich, wenn sie sich denn als beständig erweisen, so genannte „Skizzenbücher" anlege. „Skizzenbücher" sind Materialsammlungen für ein anfänglich nur erahntes Projekt, in ihnen stehen Notizen aus den „Notizbüchern" […] ergänzt um weiteres, nun aber gezielt gesuchtes Material *(Hanns-Josef Ortheil, dt. Schriftsteller, geb.1951; 34, 41).*

Wenn wir also aus unseren Journaleinträgen Material gewinnen wollen für ein bestimmtes eingegrenztes Schreibprojekt, kann es hilfreich sein, ein eigenes Heft für dieses Projekt anzulegen. In diesem Skizzenbuch stehen dann sowohl Notizen aus dem Arbeitsjournal als auch Exzerpte, die wir aus zusätzlicher gezielter Lektüre zu einem Thema gewinnen. Probieren Sie selber aus, ob Sie diese Notizen handschriftlich festhalten oder in einer eigenen Datei in Ihrem PC erfassen wollen. Dem „grafischen Reiz der handschriftlichen Aufzeichnung", so Ortheil, steht die Flexibilität des elektronischen Eintrags gegenüber. Nur Sie können entscheiden, welche Form für Sie passt.

2.2 Assoziieren

Mit dem wissenschaftlichen Journal können Sie längerfristig Ihrem eigenen wissenschaftlichen Interesse auf die Spur kommen. Daneben gibt es aber auch eine Reihe von Techniken, um kurzfristig Einfälle zu einem konkreten Thema zu entwickeln. Die hier vorgestellten Impulse sprechen jeweils unterschiedliche Schreiber und Schreiberinnen an. Ihre Aufgabe ist es, das für *Ihr* Denken und Schreiben optimale Vorgehen zu entdecken.

2.2.1 Cluster

Beim Clustering (aus engl. cluster = Traube, Büschel) werden aus einem zentralen Impuls assoziativ Ideen entwickelt. Diese kreative Methode, entwickelt von der amerikanischen Schreibpädagogin Gabriele Rico, beruht auf der spontanen Aktivierung beider in ihren Aufgaben unterschiedlicher Gehirnhälften. Während die linke Hemisphäre in der Regel das rationale, analytische Denken steuert, entwickelt die rechte Hemisphäre vor allem ganzheitliches, bildhaftes und assoziatives Denken. Im Clustering nun arbeiten beide Gehirnhälften zusammen, die Arbeitsteilung ist vorübergehend aufgehoben. So können innovative Impulse auftauchen und ungewohnte Gedankenverbindungen zum Zuge kommen.

Beim Clustering setzen wir in die Mitte eines großen Blattes einen zentralen Begriff, eine Idee, ein Wort in einen Kreis. Kennen wir die zentrale Frage unserer Arbeit schon, können wir auch sie ins Zentrum des Clusters stellen. Legen Sie das Papier immer quer, damit Sie genug Raum haben, um alle Gedanken zu entfalten.
Vom Zentrum ausgehend werden strahlenförmig alle assoziativen Ideen aufgezeichnet. Wir verfolgen zunächst *einen* Zweig des Clusters, lagern möglichst viele Einfälle an und verbinden die einzelnen Ideen graphisch miteinander. Sobald der Impuls einer Idee erschöpft ist, beginnt die Entfaltung der

Ideen an einer anderen Stelle des Clusters, wiederum ausgehend vom Zentrum. Die Zuordnung der Ideen folgt keiner logischen Ordnung, sondern ergibt sich intuitiv und wird auch nicht nachträglich verändert. Es kommt beim Clustering nämlich vor allem darauf an, dass sich die eigenen Ideen möglichst unzensiert entfalten. Dazu brauchen Sie eine entkrampfte Haltung spielerischer Neugier und Freude an den eigenen Einfällen. Nur wenn wir vorübergehend den inneren Kritiker ausschalten, fließen die Ideen ungehemmt. Es kommt deshalb auch nicht darauf an, möglichst *viele brauchbare* Ideen zu entwickeln, sondern darauf, unsere Gedanken ungehndert zu entfalten. In dem Augenblick nämlich, in dem wir beginnen, unsere Ideen zu beurteilen, versiegen häufig die Assoziationen.

 Ein Entwurf ist ein Blatt oder ein Bogen, auf welchem ich mirs bequemer mache und mich gehen lasse, indem ich darauf meinen ganzen Kopf ausschüttele, um nachher das Fallobst zu sichten und zu säen *(Jean Paul, dt. Universalgelehrter und Schriftsteller 1763-1825; 17, 16).*

Wir versuchen also, unsere Einfälle spielerisch zuzulassen, ohne Kontrolle, ohne Beurteilung. Erst wenn sich die Ideenimpulse erschöpft haben, können wir die Ernte einfahren und die Spreu vom Weizen trennen.

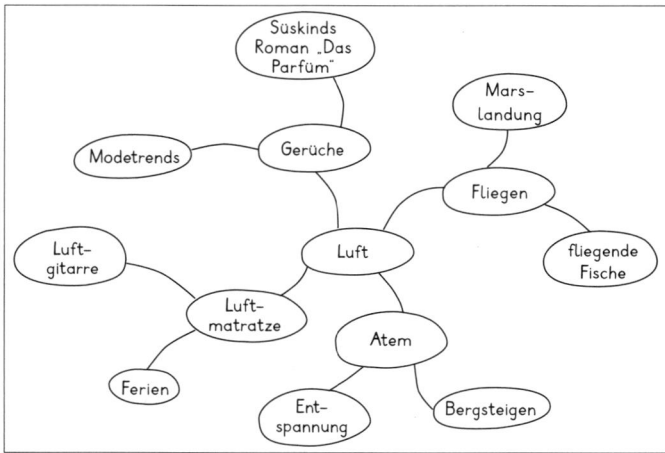

Abb. 1: Cluster zum Thema „Luft"

Wir können den schöpferischen Schwung noch weiter nutzen und von unserem Cluster ausgehend einen ersten kurzen Text formulieren. Dabei gehen wir von dem Aspekt des Clusters aus, der uns im Augenblick am meisten interessiert, der uns neu und anregend erscheint. Versuchen Sie, einen frischen Blick auf Ihr Thema zu werfen und über das Cluster einen leichten Einstieg ins Schreiben zu finden. Lassen Sie sich einfach von der Lust am Schreiben tragen, ohne Ihren Clustertext allzu kritisch zu betrachten. Kritik und Kontrolle haben später noch reichlich Gelegenheit, ihre notwendige Aufgabe zu erfüllen.

 ÜBUNG

Probieren Sie das Clustern zunächst mit einem nicht-wissenschaftlichen Kernwort. Gehen Sie von Begriffen wie „Sand", „nass" oder „Zimt" aus. Wählen Sie konkrete, anschauliche Kernwörter. Lassen Sie Ihre Gedanken frei in alle Richtungen laufen und zensieren Sie Ihre Assoziationen nicht. Clustern Sie nicht länger als ungefähr vier bis fünf Minuten. Schreiben Sie dann einen kurzen Text zu *einem* Aspekt Ihres Clusters.

Oft zeigt sich während des Clusterns plötzlich ein Brennpunkt, in dem sich unterschiedliche Ideen bündeln:

 Der Wendepunkt in der ganzen Entwicklung ist das Auftauchen eines Fokus oder eines Themas. In diesem Moment erscheint mitten im Chaos ein Gravitationszentrum *(Peter Elbow, amerik. Schreibforscher; 11, 35, Übers. E.-K.).*

Wählen Sie diesen Fokus als Ausgangspunkt eines neuen Clusters. In unserem Beispiel könnte dieser Brennpunkt etwa das Wort „Bergsteigen" sein.

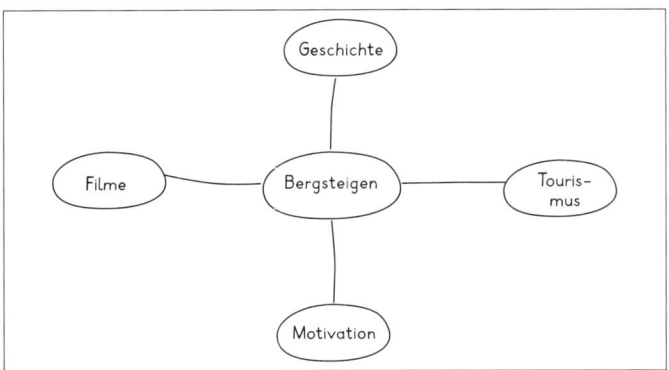

Abb. 2: Cluster zum Thema „Bergsteigen"

Nun kann ich entweder *einem* Ideenstrang folgen und z.b. ausgewählte Filme über Bergsteiger analysieren oder *mehre-re* Ideen verbinden, um etwa nach der Motivation der Berg-touristen im 21. Jahrhundert zu fragen. So finde ich ein klar umgrenztes originelles Thema für eine wissenschaftliche Ar-beit, die z.b. den Titel „Auf dem höchsten Berg der Welt – eine Untersuchung zur Motivation der Bergtouristen auf dem Mount Everest" tragen könnte.

 ÜBUNG

> Clustern Sie nun zu einem Begriff Ihrer wissenschaft-lichen Disziplin oder Ihres anvisierten Themas. In ei-nem nächsten Schritt probieren Sie die Technik des Folgeclusters aus. Nach dem ersten oder zweiten Fol-gecluster schreiben Sie einen kurzen Text, der Ideen für Ihr Thema entwickelt.

2.2.2 Assoziationswelle

Entwickeln Sie Ihre Assoziationsfähigkeit spielerisch mit Hilfe verschiedener Assoziationsübungen, die Sie zunächst an All-tagsbegriffen ausprobieren. Wählen Sie ein Kernwort, z.B. „Wasser", und bilden Sie davon ausgehend eine Assoziations-kette aus Begriffen, die jeweils einen sinnvollen Bezug zum vorhergehenden Wort haben (vgl. 47, 71).

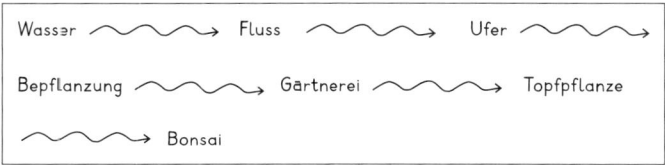

Abb. 3: Die Assoziationswelle

2.2.3 Assoziationsdelta

Sie können Ihre Ideen auch in Form eines Assoziationsdeltas entfalten. Dabei bilden Sie von ein und demselben Ausgangswort beliebig viele neue Wörter (vgl. 47,71).

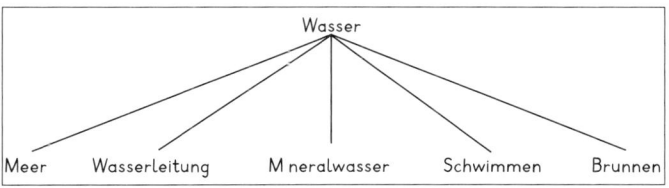

Abb. 4: Das Assoziationsdelta

2.2.4 Assoziationskreis

Der Assoziationskreis entfaltet sich, indem ein Wort an das vorhergehende anschließt und sich der Kreis nach einer Reihe von Begriffen am Ende wieder sinnvoll schließt (vgl. 47,71).

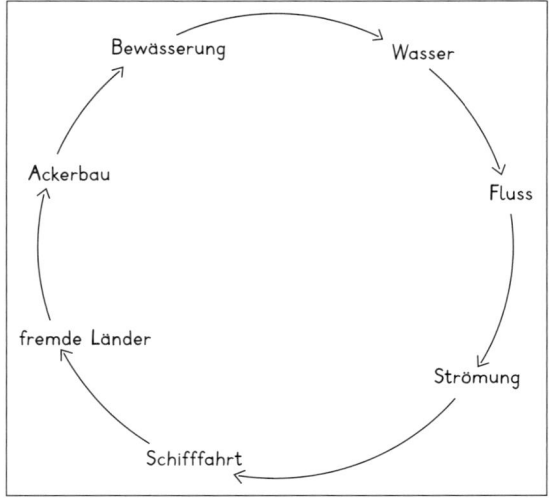

Abb. 5: Der Assoziationskreis

2.2.5 Assoziationsfächer

Noch detaillierter können Sie Ihre Ideen mit dem Assoziationsfächer entwickeln. Fächern Sie zunächst Ihr Kernwort in mehrere Zweige auf und falten diese wiederum in beliebig viele neue Begriffe weiter auf (vgl. 47,72).

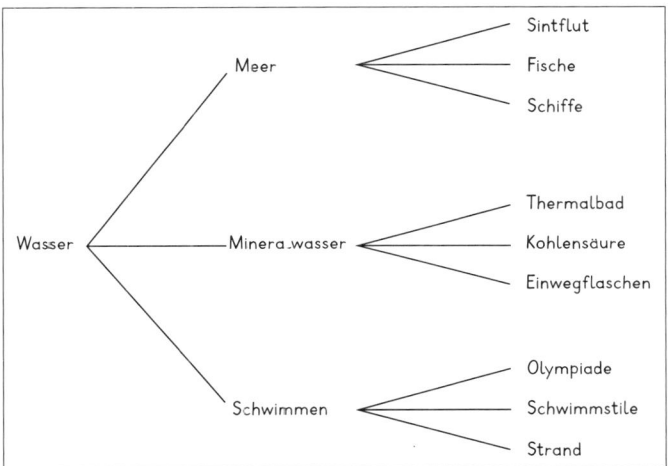

Abb. 6: Der Assoziationsfächer

2.2 6 Parallele Gleise

Schließlich eignen sich auch parallele Gleise gut zur Ideenentfaltung. Fächern Sie zunächst Ihr Kernwort mehrfach auf und nehmen anschließend die so gebildeten Begriffe als Ausgangspunkte für neue Wortketten. Dabei werden Sie besonders viele kreative Ideen entwickeln, wenn Sie immer *abwechselnd* neue Wörter suchen: also zunächst ein Wort für Kette 1, dann ein Folgewort für Kette 2, anschließend ein Wort für Kette 3 und erst dann wieder das nächste Folgewort für Kette 1 (vgl. 47,72).

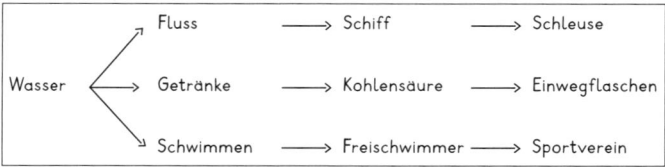

Abb. 7: Parallele Gleise

2.3   Ideen aus Listen entwickeln

Ein auf den ersten Blick ungewöhnliches, aber erfolgreiches Verfahren stellt Hanns-Josef Ortheil mit Hinweis auf asiatische Denkstrategien vor:

In älteren asiatischen Texten begegnen wir [...] immer wieder Listen, deren einzelne Elemente ganz und gar heterogen sind, gerade wegen dieser Heterogenität aber einen besonderen Reiz ausüben. So finden sich etwa in den Gesprächen des Konfuzius Abschnitte, die knapp festhalten, „wovon der Meister nicht spricht [...], was der Meister absolut ablehnt"; solche Listen erschließen sich dadurch, „dass der Zuhörer oder Leser über ihre einzelnen Elemente selbstständig nachzudenken, ja über sie zu meditieren beginnt. Die Wege des Nachdenkens oder der Meditation ergeben sich dabei entweder durch eine *Ausweitung* der Betrachtung auf das gesamte Textkorpus oder durch eine *Konzentration* auf das jeweils einzelne Listen-Element *(Hanns-Josef Ortheil, dt. Schriftsteller, geb.1951; 33, 78).*

Eine erste Vorstufe zu einem Schreibplan kann also eine Liste von Einfällen oder „Fundstücken" sein, die irgendwie mit Ihrem Thema zusammenhängen. Diese Begriffe werden nicht kommentiert, sondern bieten einen Anreiz zum eigenen Nachdenken: Entweder geht man von einem Begriff aus und weitet die Betrachtung auf das gesamte Textkorpus aus oder man konzentriert sich auf ein einzelnes Textelement und lotet dessen Besonderheiten aus. Dieses Vorgehen umreißt zwei Grundbewegungen wissenschaftlichen Denkens: die Ausweitung des Blicks auf ein mögliches Ganzes oder die Konzentration auf ein Besonderes Wenn Sie also zunächst eine Liste möglicher Stichwörter zusammenstellen, die mit Ihrem Thema in Zusammenhang stehen, können Sie anschließend ausgewählte Stichwörter auf ihren Zusammenhang befragen oder die Tragweite eines einzelnen Stichworts ausloten, indem Sie z.B. fragen: Was genau bedeutet dieser Begriff? Wo kommt er her? Welche Fragen könnte ich stellen, um dieses Phänomen besser zu verstehen? Welche Konsequenzen hat dieses Phänomen für den gesamten Prozess, um den es in meiner Arbeit gehen soll?

 ÜBUNG

Stellen Sie spontan eine Liste mit Begriffen zusammen, die irgendwie mit Ihrem Thema zu tun haben. Gehen Sie anschließend einem dieser Stichwörter mit gezielten Fragen genauer nach und lassen Sie dabei Ihren Gedanken freien Lauf. Zensieren und auswählen können Sie später!

2.4 Gedanken entfalten im Gespräch

Ideen entwickeln sich bekanntlich leichter im Gespräch. Suchen Sie deshalb immer den Austausch mit Kommilitonen und Kommilitoninnen, wenn Sie mit Ihren Ideen an einem toten Punkt angelangt sind.

Inszenieren Sie ein gespieltes Interview mit einem Schreibpartner: Spielen Sie die Rolle des Autors und lassen Sie sich interviewen. Beantworten Sie die Fragen Ihres Interviewpartners aus der Sicht des Autors. Dann tauschen Sie die Rollen. […] Treffen Sie sich in einem Café und fachsimpeln Sie.[…] Stellen Sie Fragen, bestellen Sie noch einen Kaffee, reden Sie weiter. Unterschätzen Sie niemals den Wert eines Gesprächs, wenn Sie in der Sackgasse sitzen *(Donald M. Murray, amerik. Schriftsteller und Schreibforscher, 1924-2006; 29, 288 u. 169).*

Diese Interviewtechnik bringt Ihre Gedanken in Schwung und die Fragen und Ergänzungen Ihrer Interviewpartner eröffnen neue Perspektiven.

 TIPP

Lassen Sie sich von einem Schreibpartner interviewen und entwickeln Sie so Ihre Ideen im Gespräch!

Auch Brainstorming in einer Gruppe ist ein effektives Verfahren, um neue Einfälle zu entwickeln. Alle Teilnehmenden notieren fünf bis zehn Minuten lang spontan ihre Ideen und Fragen zu einem Thema. Dabei ist es wichtig, dass Sie Ihre Ideen nicht bewerten, sondern fließen lassen. Auch beim späteren Vorlesen geht es zunächst nicht um Bewertung, sondern um Neugier und um die Bereitschaft, neue Impulse aufzunehmen.
Gleichgültig ob Sie das Brainstorming alleine oder in einer Gruppe durchführen: Sie sollten die Ergebnisse zunächst ein oder zwei Tage ruhen lassen, bevor Sie an die Auswertung gehen.
Fragen sind in der Regel ganz besonders inspirierend, weil sie uns dazu zwingen, unser vielleicht zunächst nur vages Wissen

zu präzisieren. Auch Zusammenhänge lassen sich durch Fragen leichter erkennen als durch affirmative Aussagen.

Hanns-Joseph Ortheil nennt die Anregungen, die dem Autor beim Romanschreiben von außen zukommen, die „Zuträger" oder „Gehilfen"…

 …die das Leben des Autors […] begleiten und in gewissem Sinne an dieser Entstehung mitarbeiten. Solche Zuträger oder Gehilfen können bestimmte Vorbild-Texte oder auch Texte sein, die das Schreiben anregen, es könnte sich dabei aber auch um Menschen handeln, die der Autor auf bestimmte Aspekte seines Romans anspricht, die sich mit ihm über Einzelheiten des Romans unterhalten oder die dem Autor plötzlich und völlig unvermutet einen bestimmten Wink geben, wie er in einer bestimmten Situation verfahren soll und weiterkommt *(Hanns-Josef Ortheil, dt. Schriftsteller, geb.1951; 33,114).*

2.5   Bewegung einsetzen

Bewegung fördert den Fluss der Gedanken. Aristoteles entwickelte deshalb in seiner Philosophenschule wichtige Gedanken auf Spaziergängen.

 TIPP

Verabreden Sie sich mit einem Mitstudierenden zu einem Spaziergang: Wählen Sie ein gemeinsames Thema und tauschen Sie sich ohne Zensur, ohne Druck darüber aus, indem Sie die Gedanken locker fließen lassen.

Der Anglist Manfred Pfister hat geradezu eine kleine Philosophie des Denkens beim Wandern entworfen:

 Aufs Gehen kommt es [...] an [...] und auf eine besondere Art des Gehens: kein sportliches nordisches Walking, aber auch kein allzu verweilendes Flanieren, sondern ein ausdauerndes und stetiges Ausschreiten, am besten in eine Richtung. Zwei, drei Stunden, wenn nicht gar Tage, müssen es schon sein, bevor sich der inspirierende Effekt einstellt *(Manfred Pfister, dt. Anglist, geb.1943; 26, 60).*

Auch für Julian Schutting ist das Gehen ein wichtiger Motor des Denkens, weil es die Gedanken oberflächlich beschäftigt, während darunter der Denkprozess ungehindert ablaufen kann:

 Wenn mir eine Idee gekommen ist, dann überleg' ich kurz, was mir konkret einfiele und schreib' mir ein paar Wörter auf [...]. Und dann geh' ich spazieren. Dieses Entwickeln [...] der Gedanken beim Gehen [...] dass man so zugleich geistesabwesend ist, dass man herumschaut und scheinbar an ganz anderes denkt. Ich bin überzeugt, dass sich das in mir unterirdisch von selber zu organisieren beginnt: Ich hab' einen Gedanken gehabt, und das ist dann wie ein Same, der hinunterfällt, und dann blüht etwas auf *(Julian Schutting, österr. Schriftsteller, geb.1937; 8, 138).*

2.6   Ideen locken

Rechnen Sie damit, dass Sie gerade dann auf eine gute Idee stoßen, wenn Sie es am wenigsten erwarten: beim Autofahren, beim Geschirrspülen, beim Putzen …

 Der Zufall ist immer kraftvoll. Lass deinen Haken immer ausgeworfen; im Teich werden dort Fische sein, wo du sie am wenigsten erwartest *(Ovid, röm. Dichter, 43v. Chr.-17n.Chr.).*

Unsere Gedanken fließen besonders ungehemmt, wenn wir nicht krampfhaft über ein Problem nachdenken. Die Ideen wagen sich vor allem dann hervor, wenn wir mit Routinearbeiten oberflächlich anderweitig beschäftigt sind:

 Man muss das Gehirn in der Inkubationsphase beschäftigt halten, aber mit etwas möglichst Anspruchslosem, Banalem, es nicht weiter Forderndem; nur dann kann es fast alle Ressourcen auf das störend herumliegende Problem verwenden *(Wolfgang Klein, dt. Psycholinguist, geb.1946; 26, 55).*

So erklärt sich auch, dass nicht wenige Schriftsteller davon berichten, dass sie unter der Dusche die besten Einfälle haben:

 Die besten Ideen habe ich aber morgens beim Duschen. Wie aus dem blauen Himmel kommt da der eine oder andere Geistesblitz daher – meist zu einem Thema, über das ich gar nicht nachgedacht habe *(Günther Hasinger, dt. Astronom, geb.1954; 26, 54).*

Kaum zu glauben, aber verbürgt: Selbst das tägliche Rasieren bringt produktive Einfälle hervor!

 Was mich anbetrifft, so habe ich poetische Einfälle nur dann, wenn ich mich des Morgens mit meinem Gilette-apparat rasiere. Dann breitet die Seele ihre rosaroten Schwingen aus und schwebt über den ewigen Lorbeer-hainen. Das ist auch der Grund, warum ich so wenig schreibe und immer so kurz; denn, du lieber Gott, ich kann mich doch nicht den ganzen Tag rasieren *(Victor Auburtin, 1870–1928, franz. Journalist und Schriftsteller; 24, 111).*

Immer wenn wir gezielt überlegen, werden die Gedanken in eine vorhersagbare Richtung gezwungen; kreative Assoziationen können sich dagegen leichter entwickeln, wenn wir mit einer Tätigkeit beschäftigt sind, die ein gewisses Maß an Aufmerksamkeit erfordert, aber zugleich genügend Kapazitäten freilässt, um unterhalb der Bewusstseinsschwelle Ideenverknüpfungen herzustellen:

 Sich voll und ganz auf ein Problem zu konzentrieren, ist nicht das beste Rezept für kreative Gedanken *(Mihaly Czikszentmihalyi, ungarisch-amerikanischer Psychologe, geb.1934; 9, 200).*

Es geht darum, aufmerksam zu sein auf die kleinen Einfälle, die sich ohne Zwang ergeben gerade dann, wenn man vordergründig mit anderen Dingen beschäftigt ist. Um herauszufinden, was Sie inspiriert, probieren Sie auch einmal ungewöhnliche Inspirationsquellen aus.

Ich setze mich nicht hin und habe große Ideen und schreibe sie dann auf. Ich setze mich hin, weil ich Ideen haben will, und schreibend finde ich sie *(Josef Haslinger, österr. Schriftsteller, geb. 1955; 19, 121).*

Was scheinbar paradox klingt, funktioniert oftmals ganz hervorragend: Nähern Sie sich schreibend Ihren Ideen und Lösungsansätzen. Formulieren Sie zunächst nur Ihre Schwierigkeiten im Umgang mit Ihrem Thema, Ihre offenen Fragen, Ihre Vermutungen, Ihre Ahnungen. So entwickeln Sie nach und nach schreibend Ideen und Lösungswege, die Sie anschließend prüfen und konkretisieren können.

 ÜBUNG

Schreiben Sie einen kurzen Text über Ihre Schwierigkeiten mit Ihrem Arbeitsprojekt. Überlegen Sie anschließend schreibend, wie Sie diesen Schwierigkeiten zu Leibe rücken könnten.

Auch möglichen Verständnisschwierigkeiten können Sie schreibend begegnen: Man versteht einen Zusammenhang besser, wenn man über ihn schreibt.
Mitunter allerdings hat man sich so intensiv mit einem Problem beschäftigt, dass die nötige Distanz fehlt, man keinen alternativen Lösungsansatz mehr sieht und sich deshalb wie in einer Sackgasse fühlt. Dann helfen oftmals kleine banale Ablenkungen. Wie Mihaly Czikszentmihalyi berichtet, vermeidet der Schriftsteller Mark Strand solche Sackgassen, indem er eine Vielzahl von Ritualen entwickelt, um sich selber abzulenken:

Er spielt einige Züge Solitär, geht mit dem Hund spazieren, macht „sinnlose Besorgungen" […]. Autofahren ist eine besonders nützliche Ablenkung, weil er gezwungen ist, sich auf die Straße zu konzentrieren, und dadurch die Last der Gedanken abschütteln kann. Nach einer Erholungspause ist sein Kopf wieder frei, und er kann frisch gestärkt an seine Arbeit zurückkehren *(Mihaly Czikszentmihalyi, ungarisch-amerikanischer Psychologe; geb.1934, 9, 343)*.

2.7   Perspektivenwechsel

Der Perspektivenwechsel ist ein bewährtes wissenschaftliches Verfahren, um den eigenen Standpunkt kritisch zu hinterfragen und aus einem ungewohnten Blickwinkel auf neue Ideen zu kommen. Versuchen Sie einmal, einem Kind zu erklären, worum es in Ihrer Arbeit geht. Schreiben Sie dem Kind einen Brief und wählen Sie eine klare kindgerechte Sprache, arbeiten Sie mit Bildern und anschaulichen Beispielen. Oder stellen Sie sich vor, Sie erklären einem Wissenschaftler im Jahr 2200 ein aktuelles Problem des 21. Jahrhunderts. Welche Informationen müssten Sie bereitstellen? Welche Entwicklungen könnten bis dahin eingetreten sein?
Wechseln Sie die Perspektive, indem Sie Ihr Thema mit allen Sinnen erforschen: Lassen Sie Bilder auftauchen, die Ihr Thema in Ihnen weckt; achten Sie auf Geräusche, die Ihr Thema begleiten könnten. Gibt es Gerüche, die sich mit Ihrem Thema verbinden? Stellen Sie sich einen Gegenstand vor, der mit Ihrem Thema in Verbindung steht: Wie fühlt er sich an? Was kann man damit machen? Diese scheinbaren Umwege können vielfältige Assoziationen in Ihnen auslösen, die Sie auf neue Ideen bringen.

ÜBUNG

Nehmen Sie vorübergehend die Perspektive Ihres Lesers ein und schreiben Sie auf, was Ihr Leser sich von Ihrer Arbeit wünscht. So werden Sie Implikationen Ihres Themas leichter entdecken.

2.8   Analogien

Suchen Sie einmal nach Analogien zwischen Dingen, Vorgängen. Konzepten, die auf den ersten Blick nicht viel miteinander gemeinsam haben. Sie werden erstaunt sein, wie fruchtbar dieser überraschende ungewohnte Blick ist. Wenn Sie z.B. Sport und Schreiben miteinander vergleichen, werden Sie Übereinstimmungen, aber auch Unterschiede entdecken, die Sie auf neue Ideen bringen.

Der Pädagoge Georg Rückriem berichtet, wie er während des Joggens „über Parallelen und Unterschiede zwischen Laufen und Schreiben" nachdenkt:

 Fehlanzeigen sind dabei übrigens genauso hilfreich. Sie regen an, über die Ursache der fehlenden Entsprechung nachzudenken; ein Prozess, der ohne die Irritation der Fehlanzeige nicht in Gang käme. Das Ergebnis meiner Prüfung ist in der Regel eine Liste von Ideen […], die ich notiere, wie sie kommen, weil ich weiß, dass jeder vorschnelle Versuch einer Katalogisierung oder Systematisierung den Einfallsreichtum einschränken und blockieren würde. Erfahrungsgemäß wirkt dieser Prozess selbstverstärkend: Je länger und freier ich meinen Gedanken Raum lasse, um so mehr fällt mir zu meiner Analogie ein *(Georg M. Rückriem, dt. Pädagoge, geb.1934; 32, 106)*.

Legen Sie eine Liste mit zwei Spalten an und notieren Sie
Ähnlichkeiten und Unterschiede zwischen den verglichenen
Objekten. Schreiben Sie dann spontan einen kurzen Text zu
einer der Ähnlichkeiten oder Unterschiede.

Nehmen Sie auch einmal bewusst die Gegenposition zu Ihrer
Argumentation ein: Entwickeln Sie so viele Einwände und
gegenteilige Behauptungen wie möglich. Sie werden sehen,
dass diese Übung Ihr Denken in Schwung bringt und Sie zu
neuen Ideen führt.

2.9   Modelling

Eigene Ideen entwickeln sich oft leichter, wenn wir uns in der
Fragestellung und in der Problementwicklung an die Forschung
anlehnen können. Lawrence Durrell beschreibt dieses in der
Forschung als „Modelling" bekannte Verfahren aus eigener
Erfahrung:

 Ich stibitze einfach drauflos. […] wo immer ich einen
guten Dreh entdecke, studiere ich ihn genau und versuche dann, ihn zu plagiieren. […]sie [die anderen
Schriftsteller, Anm. E.-K.] haben mich nicht „beein-
flusst". Ich habe einfach hier und da einen ihrer Tricks
mitgehen lassen, als Lehrling sozusagen *(Lawrence
Durrell, engl. Schriftsteller, 1912-1990; 5, 204-205).*

Und wie kommt man vom Imitieren zum eigenen Schreiben?

 Ich glaube, es ist das Schreiben selbst, das der Entwicklung
nachhilft; und man selber wiederum fördert die Weiterent-
wicklung des Schreibens, bis schließlich ein Amalgam entsteht aus all dem, was man so zusammengeklaut hat *(Lawrence Durrell, engl. Schriftsteller, 1912-1990; 5, 200).*

Nutzen Sie also ruhig Studien der Forschung, um an diesen Vorbildern eigene Texte zu entwickeln: Achten Sie darauf, welche Gedanken in der Einleitung vorgebracht werden, wie Anfangs- und Schlusssätze formuliert sind, wie das Problem entfaltet wird, wie Ergebnisse präsentiert werden. Diese Strategien können und sollen Sie in Ihrer eigenen Arbeit imitieren. Solange Sie dabei keine fremden Inhalte ohne Quellennachweis übernehmen, brauchen Sie keine Angst vor einem Plagiat zu haben.

TIPP

Werten Sie einen Forschungsbeitrag, den Sie gern und mit Gewinn gelesen haben aus: Notieren Sie, wie der Autor das Problem entfaltet, wie er einen neuen Gedanken einführt, wie er Folgerungen zieht und Gegenpositionen aufbaut, wie er den Leser überzeugt und wie er seine Studie abrundet.

2.10 Einen Brief an sich selber schreiben

Johr S. Reed, früherer Chairman der Citibank New York, beschreibt zwei Kreativitätsschübe seiner Karriere, als er ein wichtiges Unternehmensproblem zu lösen hatte. In beiden Fällen schrieb er sich selber einen Brief, der jeweils über 30 Seiten umfasste. In diesen Briefen beschrieb er in allen Einzelheiten die Probleme seines Unternehmens und mögliche Handlungsschritte. Beide Briefe entstanden weit entfernt von seinem Büro: Den ersten Brief verfasste er an einem Strand in der Karibik, den zweiten auf einer Parkbank in Florenz. Beide Briefe entstanden spontan ohne große Vorüberlegungen. Dennoch betrug später die Übereinstimmung zwischen dem Briefentwurf und den tatsächlich durchgeführten Änderun-

gen im Unternehmen etwa 80 bis 90 Prozent (Mihaly Czikszentmihalyi, 9, 197-98).

Machen Sie sich diese einfache Technik zu nutze: Schreiben
Sie in entspannter Umgebung, weit weg von Ihrem Schreibtisch, einen Brief an sich selber und schildern Sie Ihr Problem
in Ruhe und ausführlich. Sie werden sehen, dass Sie nach und
nach Lösungsansätze entdecken.

3. Das Projekt planen

3. Das Projekt planen

Je sorgfältiger Sie Ihr Schreibprojekt planen, desto leichter kommen Sie auch ins Schreiben. Um erfolgreich zu planen, sollten Sie Ihr Thema sinnvoll eingrenzen, Ihr bisheriges Wissen aufrufen, einen vorläufigen Entwurf Ihres Projekts skizzieren und einen Fahrplan für jedes Kapitel aufstellen.

3.1 Realistische Ansprüche an sich selber stellen

Zunächst geht es darum, das eigene Können realistisch einzuschätzen sowie Anforderung und Kompetenz in Einklang zu bringen. Sobald Sie merken, dass die Leistung, die von Ihnen erwartet wird, Ihren Fähigkeiten entspricht, werden Sie mit Zutrauen und Freude an die Arbeit gehen. Machen Sie sich deshalb von Anfang an klar, dass Sie „nur" eine Bachelor- oder eine Masterarbeit schreiben. Sie müssen keine bahnbrechenden neuen Erkenntnisse vorlegen. Es genügt in der Regel, dass Sie vorhandenes Wissen auswerten und zwar so, dass Sie im Laufe Ihrer Arbeit zu einer Antwort auf die von Ihnen eingangs formulierte Frage kommen. Die Qualität Ihrer Studie zeigt sich daran, dass Sie relevante von irrelevanten Forschungsbeiträgen unterscheiden, dass Sie die wichtigen Forschungsbeiträge in ihren zentralen Thesen wiedergeben und dabei selber Stellung beziehen und dass Sie Ihre Argumente überzeugend entlang eines roten Fadens präsentieren. Es spielt dabei keine entscheidende Rolle, ob Sie zu ähnlichen Antworten kommen wie die bisherige Forschung und ob Sie Texte, Quellen, Daten wählen, die bereits unter einer verwandten Fragestellung analysiert wurden. Wenn Sie in Ihrer Arbeit neue Daten erheben, zu neuen Folgerungen gelangen, so wertet das Ihre Studie sicherlich auf; andererseits kann eine gut recherchierte, stringent argumentierende Arbeit, die ausschließlich bereits vorhandenes Wissen präsentiert, durchaus eine hervorragende Leistung darstellen und entsprechend benotet werden. Inwieweit die Originalität Ihres Beitrags eine Rolle spielt, hängt letztlich von der Disziplin ab, in der Sie arbeiten. Wenn Sie bevorzugt empirisch forschen, so ist der Neuigkeitswert, und sei er auch noch so gering, für die Qualität der Arbeit wichtig. Eine Literaturarbeit hingegen wird nur selten zu wirklich neuen Erkenntnissen führen und sich deshalb vorwiegend auf die Auswertung der Forschung beschränken.

Für jeden Schreibenden ist es schwierig, die eigene Leistung realistisch zu bewerten. Gerade diese interne Leistungsbewertung brauchen wir aber, um selber abschätzen zu können, ob unsere Leistung den Anforderungen entspricht. Machen Sie sich also so früh wie möglich mit den Anforderungen vertraut: Fragen Sie nach, wenn Ihr Dozent/Ihre Dozentin von sich aus keinen Kriterienkatalog bereitstellt; fragen Sie auch nach der Gewichtung der einzelnen Kriterien, so dass Sie wissen, auf welche Komplexe Sie besonders achten müssen. Sobald Sie hinreichend Kriterien für ein internes Feedback haben, können Sie Ihre Leistung in einem inneren Dialog selber einschätzen. Das gibt Ihnen Sicherheit und motiviert Sie zum Weiterschreiben.

 **TIPP**

Stellen Sie einen Kriterienkatalog für eine erfolgreiche wissenschaftliche Arbeit in Ihrem Fach zusammen. Befragen Sie dazu Lehrende und Kommilitonen/Kommilitoninnen und schauen Sie sich gut bewertete Arbeiten von Mitstudierenden genau an.

3.2   Schreibschritte festlegen

Manchmal sieht man den Wald vor lauter Bäumen nicht: Man hat viel gelesen, viel exzerpiert, viel nachgedacht und analysiert — und trotzdem fehlt noch der richtige Überblick. Hier stapeln sich die Fotokopien, dort füllt sich der Papierkorb mit Entwürfen oder der PC mit Fragmenten. Auf dem Schreibtisch liegen ein paar Bücher, in die man nur kurz oder noch gar nicht hineingeschaut hat. Vielleicht ist Ihnen mittlerweile nicht mehr so richtig klar, worum es bei der Arbeit eigentlich geht. Chaos! Was tun? Am besten legt man erst einmal eine Pause ein. Danach geht man die Arbeit Schritt für Schritt neu an. Geübte Schreiber wissen, dass Schreiben ein Prozess ist, der aus mehreren Schritten besteht, die nacheinander bewältigt werden müssen.

Deshalb machen Sie sich klar, aus welchen Arbeitsschritten Ihr Schreibprozess besteht und in welcher Reihenfolge Sie diese Schritte gehen wollen. Das folgende Modell zeigt die Phasen wissenschaftlicher Textproduktion für empirische und nicht-empirische Arbeiten. Wählen Sie je nach Zielsetzung Ihre Einzelschritte entsprechend aus.

Phasen wissenschaftlicher Textproduktion

I. Orientierung
- Ideen sammeln
- Thema eingrenzen und ausloten
- erster Überblick über die Literatur
- Exposee

↓

II. Recherche
- Primärtexte, Quellen, Forschungsliteratur sichten und auswerten
- empirische Untersuchungen durchführen
- Protokoll führen

↓

III. Strukturieren
- Material ordnen
- Hypothesen aufstellen
- Gliederung entwerfen
- Abbildungen zusammenstellen

↓

IV. Rohfassung
- Hauptteil der Arbeit niederschreiben
- nach einem Kapitel *eine* Grobkorrektur
- Einleitung und Schluss / Abstract schreiben

↓

V. Überarbeiten
- inhaltlich
- sprachlich
- formal

Abb. 8: Phasen wissenschaftlicher Textproduktion

Bedenken Sie, dass Sie während der Textproduktion manche Arbeitsphasen wiederholt durchlaufen müssen. Studien haben gezeigt, dass kompetente Schreiber den Schreibprozess stärker planen und strukturieren als Schreibanfänger. Sie gehen ihr Projekt Schritt für Schritt an und nehmen sich eine bestimmte Schreibaufgabe – z.B. das Formulieren des Textes – erst vor, wenn die Voraussetzungen – z.B. ein vorläufiger Fahrplan – gegeben sind.

 ÜBUNG

Füllen Sie das Modell zur wissenschaftlichen Textproduktion jetzt für Ihr konkretes Projekt aus, indem Sie z.B. Ihre Ideen zusammenstellen, ein kleines Exposee schreiben, um die eigenen Gedanken zu klären, Ihre Quellentexte festlegen, Ihre Forschungsliteratur zusammenstellen usw. Dabei wird Ihnen klar, was Sie schon erreicht haben und wo Sie noch Informationsbedarf haben.

3.3 Thema eingrenzen

Der erste wichtige Schritt in der Textproduktion ist die Eingrenzung des Themas. Deshalb legen Sie möglichst früh im Arbeitsprozess fest, welche zentrale Frage Sie mit Ihrer Arbeit beantworten wollen. Erst wenn Sie diese Frage formulieren können, hat Ihre Arbeit ein klares Ziel:

Die Entscheidung zu einem Thema […] ist auch deswegen so schwer, weil sie nicht nur positive „Wahlarbeit" sondern negativ „Verzichtarbeit" verlangt. Man muss das Thema aus seinen Zusammenhängen reißen. Man muss von vielerlei wichtigen Bezügen und Aspekten absehen […] Dennoch muss der Stachel, die eigene Frage zuzuspitzen, dauernd im Gedankenfleisch rumoren. Auch schmerzlich. Solange die Fragestellung vage bleibt, ist auch das Thema vage. Ein Thema ist erst dann „fertig", wenn die Perspektive klar ist, unter der man dasselbe zu behandeln ausgeht *(Wolf-Dieter Narr, dt. Politikwissenschaftler, geb.1937; 32, 96,97).*

Narr benennt hier ein ganz zentrales Dilemma wissenschaftlichen Arbeitens: In jedem wissenschaftlichen Projekt reißen Sie ein Thema aus einem größeren Zusammenhang heraus, um es wie unter einer Lupe genau untersuchen zu können. Wenn Sie eine Antwort auf Ihre zentrale Frage gefunden haben, können Sie in Ihrem Fazit das Teilstück gleichsam wieder in seinen Kontext einbetten und zeigen, wie Ihr Untersuchungsgegenstand mit den Aspekten und Fragen zusammenhängt, die – von anderen Forschern – noch zu behandeln wären.
Oft können Sie zu Beginn Ihres Arbeitsprozesses die zentrale Frage nur vage umreißen. Erst wenn Sie tiefer in die Forschungsliteratur eingedrungen sind, konkretisiert sich Ihre Frage. Achten Sie deshalb beim Einlesen in die Forschung immer darauf, dass Sie möglichst bald zu einer deutlich umrissenen zentralen Fragestellung kommen. Sobald diese Frage feststeht, generieren Sie mögliche Unterfragen, die die Grundlage für Ihre Kapitel bilden können. Beantworten Sie anschließend in Ihrer Arbeit Kapitel für Kapitel die Unterfragen und formulieren Sie zum Schluss die Antwort auf Ihre zentrale Frage.

TIPP

Entwickeln Sie so früh wie möglich eine vorläufige zentrale Fragestellung für Ihre Arbeit und generieren Sie möglichst viele Unterfragen. Im fortschreitenden Arbeitsprozess können Sie die Fragestellung verändern, erweitern und fokussieren.

3.4 Projektskizze

In einem ersten Entwurf können Sie Ihrem Schreibprojekt eine vorläufige Gestalt geben. Dabei haben Sie die Wahl zwischen unterschiedlichen Formen.

3.4.1 Bestandsaufnahme

Unter der Überschrift „Was ich schon über mein Thema weiß" notieren Sie – in ganzen Sätzen! – alles, was Sie zu dem Kapitel, das Sie gerade schreiben wollen, parat haben. Wenn Lücken sichtbar werden, machen Sie sich eine Notiz für später. Anschließend bringen Sie die Gedanken in eine sinnvolle Reihenfolge. So erhalten Sie einen vorläufigen „Fahrplan" für Ihr Kapitel, den Sie später Punkt für Punkt ausfüllen und abarbeiten können.

3.4.2 Treatment

Schriftsteller, vor allem Drehbuchautoren, arbeiten gern mit einem Treatment als erstem Entwurf.

Ich habe es mir [...] angewöhnt, einen Roman erst einmal in Notizen herunter zu schreiben. Ziemlich detailliert, nur nicht in Sprache, nicht geformt. Die Sprache ist also ziemlich egal dabei. [...] Vielleicht kommt das daher, dass ich ziemlich viel Drehbücher schreibe [...] und dort ist es eine ganz normale Form, zuerst das so genannte „Treatment" zu schreiben [...] Das ist eine erzwungene Stufe, die mir ganz günstig zu sein scheint für einen Produktionsprozess *(Jurek Becker, dt. Schriftsteller, 1937-1997; 19, 18-19).*

Ein Treatment können Sie auch für Ihre wissenschaftliche Arbeit schreiben. Entwerfen Sie einen groben Plan, ohne auf Formulierungen zu achten. Skizzieren Sie nur, welche zentrale Frage Sie beantworten wollen, welche Unterfragen Sie berücksichtigen möchten, welches Material Sie auswerten, welche Schlüsse dieses Material wahrscheinlich zulässt, welche Informationen Sie in welchem Gliederungspunkt – zur Beantwortung welcher Unterfrage – präsentieren werden. Hilfreich ist es, wenn Sie diese einzelnen Schritte in ganzen Sätzen beschreiben, denn nur so wird Ihnen selber beim Hinschreiben klar, ob Sie verstanden haben, was Sie demnächst schreiben wollen.

3.4.3 Erste Textentwürfe

Manchmal ist es einfacher, *mehrere* Entwürfe zu schreiben, als nur *einen*. Von unserem ersten Entwurf erwarten wir nämlich oft, dass er auf Anhieb gelingen soll. Bei mehreren Anläufen geben wir uns dagegen mehr Spielraum, um spontan verschiedene Varianten auszuprobieren.

Schreiben Sie einen Entwurf, dann später einen weiteren, ohne den ersten nochmals anzusehen. Nehmen Sie nur das in Ihren Entwurf auf, woran Sie sich erinnern können oder wollen. Erlauben Sie dem Entwurf, Sie in neue Gefielde zu führen. Schreiben Sie auch noch einen dritten Entwurf. Dann schauen Sie sich alle drei Entwürfe an und suchen den aus, der Ihnen am besten gefällt, oder überarbeiten Sie Ihren Text, indem Sie die besten Elemente aller drei Entwürfe miteinander verbinden *(Donald M. Murray, amerik. Schriftsteller und Schreibforscher, 1924-2006; 29, 198).*

Wenn es Ihnen besonders schwer fällt, einen ersten Entwurf zu schreiben, überlegen Sie, welche Behauptung in Ihrem Entwurf unbedingt vorkommen sollte. Nehmen Sie diesen Satz oder Abschnitt als Ausgangspunkt Ihres Schreibplans und sehen Sie zu, wohin der Text Sie führt (vgl. Donald M. Murray, amerik. Schriftsteller und Schreibforscher, 1924-2006; 29, 221).

3.4.4 Visualisieren

Oftmals ist es hilfreich, sich das eigene Schreibprojekt bildlich vorzustellen:

 Stellen Sie sich Ihre Arbeit wie eine Touristenroute vor, bei der jeder Abschnitt einen Haltepunkt auf der Route markiert. Sie sind der Fremdenführer und Ihre Leser sind die Touristen. Zeichnen Sie ein Bild Ihrer Route und dann notieren Sie, was Ihre Touristen erwartet, wenn Sie durch Ihre Arbeit reisen. Hören Sie an jedem Haltepunkt auf ihre Fragen *(Donald M. Murray, amerik. Schriftsteller und Schreibforscher, 1924-2006; 29, 170-171).*

Wenn Sie sich Ihre Arbeit also als Route vorstellen, können Sie den gedanklichen Zusammenhang besonders klar erkennen: Ihr Weg verläuft in eine erkennbare Richtung; die Haltepunkte sind die Schwerpunkte jedes Kapitels; das Ziel liegt in der Antwort auf Ihre zentrale Frage.

3.5   Strukturen finden

Um eine tragfähige Struktur für Ihr Arbeitsprojekt zu entwerfen, experimentieren Sie mit unterschiedlichen Modellen: dem Mindmap, der Strukturskizze oder dem Flussdiagramm.

3.5.1 Das Mindmap

Mindmaps eignen sich als erste grobe Strukturierungshilfe, sobald Sie aus der Forschungsliteratur genügend Informationen gewonnen und/oder eigene Ideen entwickelt haben. Sie kennen dieses Verfahren bereits aus dem Clustering: Im Zentrum einer Ideenskizze steht das Thema der Arbeit; von hier aus entfalten sich die Einfälle strahlenförmig in alle Richtungen. Im Unterschied zum Cluster ist das Mindmap jedoch nicht assoziativ, sondern systematisch ordnend als Planungshilfe angelegt.

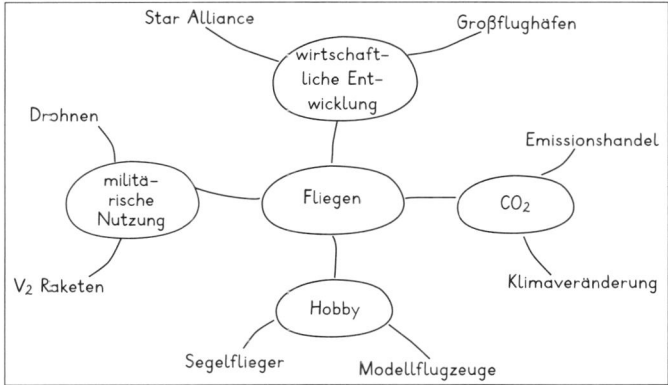

Abb. 9: Mindmap zum Thema „Fliegen"

Wenn Sie die Informationen aus der Forschung und Ihre eigenen Ideen mit Hilfe eines Mindmaps in Gruppen zusammenfassen, machen Sie sich bereits die innere Ordnung Ihrer zukünftigen Arbeit klar, denn jede Gruppe bildet eine eigene Kategorie, die als Grundlage eines Kapitels dienen kann.

Manchmal erkennen wir auch erst durch das Mindmap den Schwerpunkt der Arbeit und die Gewichtung der einzelnen Kapitel sowie Lücken und Grauzonen der Arbeit. Schließlich lässt sich mit Hilfe des Mindmaps auch die Reihenfolge der Kapitel planen, indem Sie eine vorläufige Reihenfolge der Gedankenblasen festlegen.

Es hilft, das Mindmap mehrmals umzuschreiben und dabei verschiedene Gruppierungen auszuprobieren. Dabei fallen nicht nur Ideen weg, sondern es kommen durch die Konzentration auf bestimmte Schwerpunkte auch Einfälle hinzu. In jedem Fall bietet das Mindmap eine effiziente Technik, um sich komplexe Zusammenhänge übersichtlich zu veranschaulichen. Am besten hängen Sie ein möglichst großes Blatt Papier (Querformat!) an einem gut sichtbaren Platz in ihrem Arbeitszimmer auf. Im Laufe Ihrer Arbeit kann dann Ihr ursprüngliches Mindmap mitwachsen: Sie können es ergänzen, verändern, können Hinweise auf Forschungsliteratur hineinschreiben und offene Fragen hinzufügen.

 TIPP

Entwerfen Sie ein erstes Mindmap Ihrer Ideen und Erkenntnisse, auch wenn Sie noch nicht sehr tief in die Forschungsliteratur eingedrungen sind. Sie können das Mindmap jederzeit verändern und/oder erweitern. Eine vorläufige Strukturierung hilft Ihnen aber auf jeden Fall, Ordnung in Ihre Gedanken zu bringen!

Walter Kempowski verwendet zwar keine Mindmaps aber „Schautafeln":

 Viel schwieriger ist es […], die Übersicht über diese Stoffmasse zu behalten, und da helfen mir hier Schautafeln, ab und zu stehe ich sinnend davor, fülle, wo noch Mangel ist, hole noch Informationen ein… so geht das dann vor sich *(Walter Kempowski, dt. Schriftsteller, 1929-2007; 21, 50).*

Ähnliche Schautafeln können Sie auch anlegen, indem Sie Ihr Material in Gruppen zusammenfassen und es zunächst in gezeichneten Kästen unterbringen. Erst danach fragen Sie sich, wie die einzelnen Kästen zueinander in Beziehung stehen, wo noch Informationsbedarf besteht, wo Sie noch etwas ergänzen möchten.

Sie können die Struktur Ihrer Arbeit auch mit Hilfe von Karteikarten entwerfen: Schreiben Sie jeden geplanten Abschnitt
oder Unterpunkt in Kurzform, vielleicht nur in Stichwörtern,
auf eine Karteikarte. Spielen Sie nun mit diesen Karten, indem
Sie verschiedene Reihenfolgen ausprobieren, bis sich eine
überzeugende Ordnung ergibt:

 Ich fange meinen Roman nicht am Anfang an. Ich nehme mir ein Stück hier und ein Stück dort vor, bis ich alle
Lücken im Text gefüllt habe. Deshalb schreibe ich meine
Romane und Kurzgeschichten gerne auf Karteikarten,
die ich später nummeriere, wenn ich alle Informationen
beisammen habe *(Vladimir Nabokov, russ.-amerik.*
Schriftsteller, 1899-1977; 29, 166).

3.5.2 Die Strukturskizze

Die Strukturskizze bildet im Unterschied zum Mindmap zunächst nur die formalen Bausteine Ihrer Arbeit ab, die Sie
später mit Inhalt füllen. Machen Sie sich deshalb zuerst einmal
klar, welche Hypothesen Sie aufstellen wollen, welche Belege
Sie dafür anführen können, welche Beispiele Sie wählen
möchten und welche Folgerungen Sie aus Ihren Behauptungen ziehen werden. Anschließend entwickeln Sie Baustein für
Baustein Ihre Argumentation.

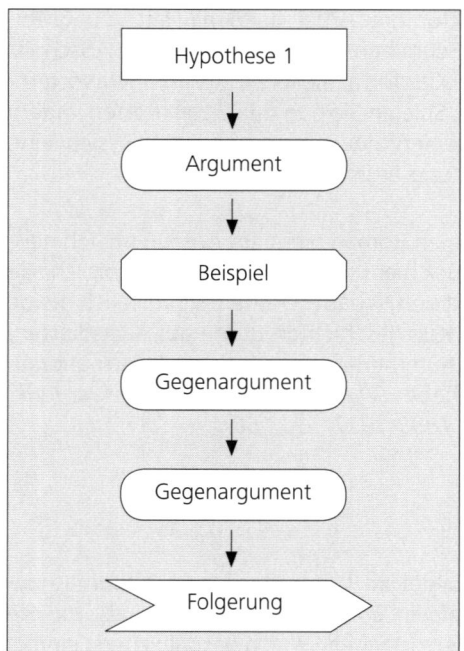

Abb.10: Die Strukturskizze

Die Strukturskizze können Sie auch im Anschluss an Ihr Mindmap entwickeln, denn sie hilft Ihnen, die Gedankengruppen des Mindmaps in eine sinnvolle Abfolge zu überführen.

3.5.3 Das Flussdiagramm

Im Flussdiagramm generieren Sie im Unterschied zur Assoziationskette keine freien Ideen, sondern überprüfen die logische Abfolge Ihrer Argumente. Setzen Sie jedes einzelne Argument in einen Kasten und verbinden Sie diese Kästen mit Pfeilen. Die folgende Abbildung zeigt ein Flussdiagramm zum Thema „Die Gefährdung des brasilianischen Regenwaldes".

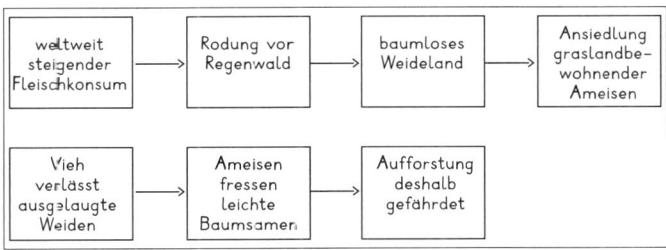

Abb. 11: Das Flussdiagramm

Im Flussdiagramm entwickeln Sie also zunächst Schritt für Schritt den roten Faden Ihrer Arbeit. Ihren Text können Sie anschließend an Ihrem Flussdiagramm entlang formulieren.

3.6 Überschriften formulieren

Wenn Sie auf Kapitelebene nach einer klaren Struktur suchen, so entwerfen Sie zunächst Überschriften für Ihre Kapitel:

 Eigentlich steckt alles schon in der Überschrift: Ohne diese kann der erste Satz nicht geschrieben werden. Was ich sagen, das Argument, das ich vortragen […] möchte, das ist in Umrissen in meinem Kopf fertig – aber erst wenn ich den Titel gefunden, dem Kind „einen Namen gegeben" habe, kann ich mich an die Arbeit des Auseinanderfaltens und Entwickelns durch Worte und Sätze machen *(Ekkehart Krippendorff, dt. Politikwissenschaftler, geb. 1934; 32, 28).*

Finden Sie also vor dem Schreiben eine vorläufige Überschrift für Ihr Kapitel. Die Formulierung spielt dabei noch keine Rolle, es kommt nur auf eine prägnante inhaltliche Fassung an. Sie müssen wissen, worum es in dem jeweiligen Kapitel gehen soll. Nur so können Sie sich selber einen präzisen Arbeitsauftrag geben. Sie können die Überschrift auch zunächst als Frage formulieren.

Diese Fragen können Sie z.b. bei einem Brainstroming mit Freunden entwickeln:

🔊 Bitten Sie Ihre Schreibpartner oder Schreibgruppe, möglichst viele Fragen zu Ihrem Thema zu stellen, und suchen Sie sich zunächst mindestens zehn Fragen aus, die Sie nach Wichtigkeit oder eigenem Interesse beantworten. Entwickeln Sie so einen Schreibplan, indem Sie die Fragen als Überschriften für Ihren Entwurf nutzen *(Donald M. Murray, amerik. Schriftsteller und Schreibforscher, 1924-2006; 29, 169).*

Nach der vorläufigen Formulierung der Überschrift können Sie in einer Art Selbstgespräch wichtige Fragen klären: Was bedeuten die verwendeten Begriffe? In welchen Schritten löse ich das Problem oder stelle ich die Aussage dieses Kapitels dar? Wie hängt dieses Kapitel mit dem vorausgehenden zusammen? Welchen Bezug hat es zur übergreifenden Fragestellung der Arbeit? Welchen Beitrag leistet es zur Klärung des zentralen Problems, zur Beantwortung der zentralen Frage?

⬜ | **TIPP**

Nutzen Sie immer einmal wieder das laute Selbstgespräch, um offene Fragen zu klären: Welcher Schritt steht gerade an? Was weiß ich schon über diesen Punkt? Was will ich noch herausfinden?

Donald M. Murrray empfiehlt, nicht nur mit Kapitelüberschriften zu beginnen, sondern gleich im Anschluss daran auch Überschriften für jeden Abschnitt und jeden Unterabschnitt festzulegen. Beim anschließenden Füllen der Abschnitte muss man sich nicht unbedingt an die Reihenfolge halten, sondern kann die Abschnitte auch so schreiben, wie sie sich gerade flüssig schreiben lassen und das Ganze später wie ein Mosaik zusammenbauen (vgl. Donald M. Murray, amerik. Schriftsteller und Schreibforscher, 1924-2006; 29, 187).

3.7   Fahrplan entwerfen

Planen Sie jede Schreibphase so detailliert wie möglich: Um welche Frage soll es in diesem Textblock gehen? Welche Antworten habe ich in der Forschung, in Daten oder Quellen gefunden? Mit welchen Argumenten/Daten/Texten kann ich diese Antworten stützen?

 Der einzige sinnvolle Entwurf eines Arbeitsprojekt ist meines Erachtens eine Liste von Behauptungen – eine für jeden Abschnitt. Jede muss etwas definitiv behaupten und es nicht nur vage andeuten. Und die Abfolge der Behauptungen muss einen Sinn ergeben *(Peter Elbow, amerik. Schreibforscher; 11, 39)*.

Am besten stellen Sie für jedes Kapitel der Arbeit einen eigenen „Fahrplan" auf: Notieren Sie in einzelnen Sätzen die wichtigsten Behauptungen eines Kapitels. Legen Sie anschließend eine Reihenfolge für diese Sätze fest. So erhalten Sie einen „Fahrplan" für jedes Kapitel, den Sie Schritt für Schritt abarbeiten können.

Oftmals hilft ein Perspektivenwechsel, um die notwendigen Planungsschritte einer wissenschaftlichen Arbeit besser zu verstehen. Deshalb rät Donald Murray studentischen Schreibern und Schreiberinnen:

 Nehmen Sie sich einen Abschnitt Ihres Lieblingsschriftstellers vor und überlegen Sie, welche verschiedenen Phasen dieser Text durchlaufen haben muss, bevor er veröffentlicht wurde. Versuchen Sie, in die Rolle des Autors zu schlüpfen und stellen Sie sich vor, wie er oder sie angefangen hat. Tun Sie so, als seien *Sie* dieser Autor und planen Sie den Text von Anfang bis Ende durch *(Donald M. Murray, amerik. Schriftsteller und Schreibforscher, 1924-2006; 29, 42).*

Wenn Sie erst einmal an einem fremden Text die Planungsschritte vollzogen haben, fällt es Ihnen leichter, auch Ihren eigenen Text entsprechend zu planen.

Allerdings sind Pläne nur insoweit hilfreich, als sie auch bei Bedarf über den Haufen geworfen werden können:

 Der Bauplan oder die Architektur, für die ich auch Notizen mache, ist mein Sparrring-Partner während des Schreibens, dem ich teilweise folge, teils widerspreche *(Adolf Muschg, Schweizer Schriftsteller, geb.1934; 8, 119).*

Ganz ähnlich entwarf auch der romantische Dichter Novalis stets einen detaillierten Plan, an den er sich aber vielfach beim Schreiben gar nicht hielt. Wenn sein Schreibprozess allerdings ins Stocken geriet, kehrte er zum Entwurf zurück und skizzierte die vor ihm liegende Schreibstrecke wiederum sehr genau, bevor er weiter schreiben konnte. Auch hier diente der Schreibplan offensichtlich als Sparring-Partner, mit dem er sich dann schreibend auseinandersetzen konnte (23, 49).

Oftmals sind Notizen auf Zetteln, in Heften oder im Computer die Ausgangsbasis für einen Schreibplan. So berichtet der Schriftsteller Ludwig Harig, dass er während einer Bahnfahrt auf dort verfügbaren Zetteln und Prospekten Notizen festhält, die er später auf einem großen Blatt Papier um einen in der Mitte platzierten Zettel mit Stichwörtern zum gewählten Thema herum im Uhrzeigersinn aufklebt.

Allerdings gilt auch hier, dass nur ausgewählte Notizen umgesetzt werden und man jederzeit die Freiheit hat, von den eigenen Aufzeichnungen abzuweichen. So erklärt Erich Fried seinen Umgang mit eigenen Notizen folgendermaßen:

 Ob ich nachher alles verwende, weiß ich nicht. Ich muss mir die Freiheit jederzeit lassen, später davon abzuweichen, ohne ein schlechtes Gewissen zu haben; sonst fesselt man sich zu sehr *(Erich Fried, dt. Schriftsteller, 1921-1988; 8, 69).*

Wenn man während des Schreibens plötzlich neue Einfälle hat, die sich nicht sofort in den Schreibplan integrieren lassen, notiert man sie am besten auf einem separaten Blatt Papier, um den Schreibfluss nicht zu unterbrechen. Sobald der Schreibauftrag des Tages erfüllt ist, überprüft man die neuen Gedanken dann auf ihre Tauglichkeit.

TIPP

Halten Sie alle Gedanken, die Ihnen während des Schreibens kommen, auf einem eigenen Zettel fest. Überprüfen Sie später, ob und wo Sie diese Gedanken verwenden wollen.

Warum es trotz notwendiger Abweichungen vom eigenen Schreibplan sinnvoll ist, einen strukturierten Entwurf für jedes Kapitel zu haben, erläutert Angus Wilson:

    Mit Hilfe der Notizen […] lenkt man den Strom in ein festes Flussbett. Dann weiß man die Richtung und kann sich ruhig ein Stück treiben lassen *(Colin Wilson, engl. Schriftsteller, 1931-2013; 7, 291).*

Wenn dennoch einmal die Gedanken über Ihnen zusammen zu stürzen drohen, schreiben Sie einen kleinen Text: Was will ich gerade beweisen? Wie kann ich es beweisen? Was ist im Augenblick gerade schwierig für mich? Was könnte mir helfen?

Oder beginnen Sie Ihren Schreibtag damit, dass Sie sich selber laut erklären, wo Sie im Schreibprozess gerade stehen, was der nächste Schritt ist und worauf Sie bei diesem Schritt besonders achten sollten. So werden Sie nach und nach zu Ihrem eigenen Coach. Wie wichtig die Festlegung einer Route für das Schreiben ist, auch wenn sich diese Route mitunter als Umweg entpuppt, erläutert Sten Nadolny anschaulich im Bild der Schifffahrt:

Durch das Schreiben entsteht ja erst etwas, das man mit den ursprünglichen Absichten vergleichen kann. Dabei stellt man fest, dass man in die falsche Richtung geschrieben hat, und also kommt die Um-entscheidung. Trotzdem brauchen Sie die Festlegung, […] schon am Anfang. Um den Atlantik zu überqueren brauchen Sie ein Schiff mit einem geraden Kiel. Dessen verlängerte Linie zeigt zunächst nicht nach New York, wo Sie hinwollen, sondern nach Rio. Die Reise besteht dann aus unzähligen Korrekturen des Punktes, auf den die verlängerte Kiellinie zeigt. Ohne eine solche kämen Sie aber nicht einmal aus dem Hafen *(Sten Nadolny, dt. Schriftsteller, geb.1942; 31, 109).*

Nehmen Sie sich für den ersten Fahrplan genügend Zeit. Wenn Sie in Ruhe den gesamten Ablauf der Arbeit geplant haben, können Sie später auch einmal unter Zeitdruck noch vorhandene Lücken füllen und Passagen locker „runterschreiben".

 ÜBUNG

Skizzieren Sie zunächst nur einen Fahrplan für einen Unterpunkt Ihrer Arbeit. Formulieren Sie die Gedanken, die unbedingt hinein sollen, in je einem vollständigen Satz und bringen Sie diese Sätze in eine logische Reihenfolge.

Sie können aber auch mit dem Ende statt mit dem Anfang Ihrer Arbeit beginnen. Sobald Sie eine Idee haben, womit sich Ihre Arbeit beschäftigen soll, schreiben Sie die letzten fünf Sätze Ihrer Arbeit in einem schnellen Textentwurf nieder. Sie ahnen vielleicht, worauf Ihre Studie hinauslaufen könnte, haben schon Anhaltspunkte dafür in der Forschung gefunden und formulieren mit diesem spontanen Text ein vorläufiges

Ziel. Anschließend überlegen Sie, welche Schritte Sie tun müssen, um an dieses Ziel zu gelangen:

    Wir fangen manchmal mit der Konklusion an und arbeiten uns dann zurück, um sie vorzubereiten und einzuführen (*Frederick Wyatt, amerik. Psychoanalytiker und Schriftsteller, 1911–1993; 8, 195*).

Sobald Sie also in der Forschung eine überzeugende Antwort auf Ihre zentrale Frage gefunden haben, prüfen Sie, mit welchen Argumentationsschritten und anhand welchen Materials Sie diese Antwort belegen können. Daraus entwickeln Sie anschließend die erste vorläufige Struktur Ihrer Arbeit.

    ÜBUNG

Formulieren Sie die letzten fünf Sätze Ihrer Arbeit. Überlegen Sie anschließend, wie Sie diese Sätze untermauern können, um Ihre Leser zu überzeugen.

Sie können auch mit einem kurzen „Vorwort" beginnen, in dem Sie sich darüber klar werden, was Ihnen in dem bevorstehenden Unterpunkt am wichtigsten ist. Auf diese Weise erhalten Sie einen Überblick über das geplante Textstück und finden zugleich immer wieder auch einen emotionalen Zugang zu Ihrem Text, um sich auf die Schreibaufgabe einzustimmen.

Achten Sie immer darauf, Ihre Notizen, Exzerpte, Fahrpläne vor dem Schreiben der Rohfassung auszudrucken, um nicht zwischen verschiedenen Dokumenten hin und her springen zu müssen und so den Bildschirm frei zu haben für Ihren neuen Text.

3.8 Umfang planen

Zu den hilfreichen Festlegungen vor dem Schreiben gehört auch eine ungefähre Seitenkalkulation. Oftmals finden Sie in den Prüfungsordnungen bereits verbindliche Vorgaben zur minimalen und maximalen Seitenzahl. Überlegen Sie nun, wie viele Seiten Sie ungefähr für einen Gliederungspunkt verwenden wollen. Ihre Grobgliederung bildet so bereits die Gewichtung der verschiedenen Aspekte Ihrer Arbeit ab. Überprüfen Sie, ob der wichtigste Gesichtspunkt auch am ausführlichsten dargestellt wird. Die Feingliederung mit Unterpunkten und einzelnen Argumenten skizzieren Sie dagegen jeweils erst unmittelbar vor dem Schreiben des anstehenden Kapitels oder Unterpunktes.

Wolf-Dieter Narr unterscheidet zwischen einer „gröberen Gliederung, die die argumentativen Hauptetappen der Arbeit enthält" und einer „Feingliederung, die dem Schreibgang nur einen oder zwei Tage vorläuft" (Wolf-Dieter Narr, dt. Politikwissenschaftler, geb.1937; 32,100-101).

Denken Sie daran, dass Ihre Einleitung nicht mehr als 10 Prozent Ihrer Arbeit ausmachen sollte, während Ihr Fazit maximal 5 Prozent umfassen sollte. Bei sorgfältiger Planung wird es Ihnen nicht passieren, dass Sie nach einer zu ausführlichen Einleitung nicht mehr genügend Raum für wichtige Ergebnisse haben oder dass nach einer ausufernden Ergebnispräsentation zu wenig Platz für eine angemessene Diskussion bleibt.

3.9 Das Textskelett

Besonders mühsam ist beim Schreiben erfahrungsgemäß der Weg vom fremden zum eigenen Text. Je mehr Informationen verarbeitet werden sollen, umso schwerer fällt es Schreibenden oft, einen eigenen Schreibplan zu entwickeln. Aber gerade der *Entwurf eines Schreibplans* ist für einen argumentativen Text entscheidend.

Deshalb legen wir zuerst das Textziel fest. Geht es darum, einen naturwissenschaftlichen Sachverhalt zu beschreiben oder eher darum, eine Argumentation zu entfalten? Sollen Forschungspositionen kontrovers diskutiert werden? Erforschen wir Ursache-Wirkung-Zusammenhänge oder beschreiben wir historische Abläufe? Je nachdem haben wir unterschiedliche Textziele vor Augen und legen unsere Textstrategien nach anderen Vorgaben fest.

Anschließend fragen wir uns: Wovon soll der Text handeln? Das Thema können wir in eine Überschrift oder in eine Frage fassen. Nachdem wir unsere gesamten Exzerpte ausgedruckt haben, liegt das Material für ein Kapitel oder den Unterpunkt eines Kapitels vor uns. Jetzt entscheiden wir, welche Behauptungen/Informationen wir in unseren Text übernehmen wollen: Was ist wichtig, was soll im Text vorkommen?

Nun beginnt die Textproduktion mit der Festlegung von Kernsätzen. Diese Kernsätze enthalten die wichtigsten Informationen, Erkenntnisse und Behauptungen. Für jede wichtige Behauptung formulieren wir *einen* Kernsatz. Erfahrungsgemäß werden Sie pro Unterpunkt – oder bei einer kürzeren Arbeit pro Kapitel - ungefähr sechs bis zehn wichtige Sätze festlegen.

Im nächsten Schritt überlegen wir, in welche Reihenfolge wir unsere Sätze bringen wollen, damit der Leser unserer Argumentation gut folgen kann. Wir nummerieren die Kernsätze entsprechend und kopieren sie in ein leeres Dokument. Jetzt fügen wir Abstände zwischen diesen Sätzen ein und erhalten ein Textskelett als Grundlage für unser Kapitel.

Dieses Textskelett füllen wir nun mit „Fleisch", indem wir nacheinander jeden Kernsatz in vier Schritten bearbeiten:

1. Kernsatz erklären
2. Beispiel anführen
3. Folgerung ziehen
4. Überleitung formulieren

Welche Schritte in der Ausarbeitung jeweils zu tun sind, entscheidet sich an der Art der wissenschaftlichen Aufgabe. Bei der Diskussion kontroverser Forschungspositionen können Sie auch einen zusätzlichen Schritt einfügen, nämlich die Darstellung der verschiedenen Forschungspositionen. Das Modell besteht in dieser Version also aus fünf Schritten.

1. Kernsatz erklären
2. Beispiel anführen
3. Pro und Kontra der Forschung darstellen
4. Folgerung ziehen
5. Überleitung formulieren

Das Textskelett erleichtert die Textproduktion in vielerlei Hinsicht:
- Es gibt ein Geländer vor, an dem man entlangschreiben kann.
- Jeder Schreibende muss sich vor dem Schreiben klarmachen, was genau er behaupten will.
- Durch eine festgelegte Reihenfolge der Behauptungen wird die Logik sichtbar und überprüfbar.
- Die Sätze können zunächst anspruchslos formuliert werden, denn es ist klar, dass es nur um einen Entwurf geht, der in der konkreten Ausarbeitung sprachlich angepasst wird.

Dieses Verfahren eignet sich ganz besonders für den Texteinstieg und/oder für ungeübte Schreiber. Mit wachsender Schreibkompetenz werden Sie das Textskelett selbstständig variieren.

Auch wenn Sie nicht über längere Schreibstrecken mit dem Textskelett arbeiten möchten, sollten Sie dennoch bei Schreibbeginn immer zuerst Ihre Kernsätze formulieren, damit Ihnen der Bezug zur zentralen Fragestellung durchgängig gegenwärtig bleibt.

4. Motivation / Konzentration

4. Motivation / Konzentration

Ein besonders sensibles Thema beim Schreiben ist die eigene Motivation. Davon hängt nicht selten auch das Maß der Konzentration ab, die wir für eine Arbeit aufbringen. Besonders bei längeren Studienabschlussarbeiten, und ganz besonders natürlich während der Promotion, kommt man ohne solide Motivation nicht aus. Das Zertifikat allein, das am Schluss winkt, gibt uns kaum das nötige Durchhaltevermögen.

4.1 Sich selber motivieren

Achten Sie bei der Wahl Ihres Themas darauf, dass Sie selber das Thema spannend und die Untersuchung lohnend finden. Ihr Thema sollte einen Bezug zu Ihren sonstigen Interessen haben, allerdings möglichst nicht aus sehr persönlichen Erfahrungen hervorgegangen sein. Ein intensiver persönlicher Bezug kann das Schreiben nämlich ebenso belasten wie fördern.

Wenn Sie an einer längeren Arbeit schreiben, nehmen Sie hin und wieder einmal Abstand und machen Sie sich bewusst, was Sie an der Untersuchung immer noch reizt. Schreiben Sie gelegentlich einen kleinen Text zu diesem Thema und Sie werden feststellen, dass hinter allem Frust auch bei Ihnen noch Neugier und Entdeckerfreude lebendig sind.

 ÜBUNG

Was finde ich spannend an meinem Thema? Schreiben Sie spontan einen kurzen Text von höchstens einer Seite. Notieren Sie nicht nur Stichworte, sondern formulieren Sie ganze Sätze. Lassen Sie Ihre Gedanken möglichst locker aufs Papier/auf den Bildschirm fließen.

Überwiegt die Unlust über längere Zeit, fangen Sie an, regelmäßig über Ihre Widerstände und Ihre Frustrationen zu schreiben, vielleicht sogar jeden Tag, bevor Sie Ihre eigentliche Schreibaufgabe angehen. Allmählich wird sich ein Bild Ihrer Widerstände zusammensetzen, das Ihnen ziemlich konkret sagt, was Ihnen die Lust am Schreiben nimmt. Wenn Sie erst einmal die Ursachen kennen, können Sie sich aus den vielen Hilfestellungen in diesem Buch eine für Ihr Problem passende heraussuchen. Vielleicht stellt sich aber auch heraus, dass Ihre Schwierigkeiten gar nicht nur im Schreiben liegen, sondern ganz andere Ursachen haben. Dann ist es an Ihnen, diesen Schwierigkeiten nicht länger aus dem Weg zu gehen.

Überlegen Sie auch einmal in Ruhe, was Sie mit der anstehenden Arbeit alles erreichen wollen. Wollen Sie einfach „nur" Ihren Schein machen? Okay, versuchen Sie herauszufinden, welche Anforderungen an Sie gestellt werden. Sie haben dann ein konkretes Ziel und finden in diesem Buch genügend Hilfestellungen, um dieses Ziel zu erreichen. Viele Schreibende wollen mit ihren Texten aber mehr erreichen, als sie sich selber eingestehen: anderen zeigen, dass sie in der Lage sind zu studieren; einen besonders guten Eindruck machen, weil sie sich um ein Stipendium bewerben möchten; sich selber beweisen, dass sie es diesmal packen werden; ein besonders aktuelles Thema bearbeiten, um sich optimal für den Beruf zu qualifizieren – alle diese Motivationen sind durchaus nicht abwegig. Sie behindern aber durch ihr Gewicht sehr oft unser Schreiben. Machen Sie sich klar, welche Motivation noch hinter Ihrem Schreiben steht, und versuchen Sie dann, Belastungen umzuschichten. Vielleicht können Sie das ein oder andere Ziel auch auf anderen Wegen erreichen?

 ÜBUNG

Schreiben Sie einen kurzen Text, in dem Sie sich darüber klarwerden, was Sie mit Ihrer Arbeit eigentlich alles erreichen wollen. Manchmal genügt schon die Konfrontation mit den eigenen Anforderungen, um einzusehen, dass man sich hoffnungslos überfordert hat.

4.2   Konkrete Schreibaufträge

Oft sinkt die Motivation auch, wenn ein Berg von Arbeit zu bewältigen ist, den wir nur schwer überschauen. Unterteilen Sie deshalb die vor Ihnen liegende Arbeit in Einheiten von jeweils einigen Tagen. So behalten Sie die Kontrolle über Ihren Arbeitsprozess, können Ihre Erfolge bilanzieren und Fehlplanungen frühzeitig korrigieren. Nehmen Sie sich jeden Tag 15 Minuten Zeit, um Ihr Arbeitspensum für den nächsten Tag zu skizzieren: Wie viele Seiten? Was ist das Thema des Unterabschnitts? Aus welchen Einzelschritten besteht die Argumentation? Welche Reihenfolge wollen Sie für die Argumente und Beispiele wählen? Natürlich werden Sie beim Schreiben umstrukturieren und ändern. Wichtig für die Arbeitsvorbereitung ist zunächst nur die konkrete Schreibanweisung.

 **TIPP**

Skizzieren Sie am Ende jeder Schreibeinheit einen kurzen Arbeitsauftrag für Ihre nächste Schreibsession. Wählen Sie dafür ruhig einmal ein Blatt Papier in Ihrer Lieblingsfarbe!

4.3   Arbeitsbedingungen überprüfen

Vielleicht überschätzen Sie manchmal auch einfach Ihr Durchhaltevermögen? Vielleicht sollten Sie sich öfter mal eine Pause gönnen und zufrieden auf das schon Erreichte blicken? Vielleicht hat Ihre Arbeit auch in Ihrer Lebensorganisation nicht den Raum, den sie eigentlich braucht? Vielleicht verlangen Sie zu viel von sich, in zu kurzer Zeit und unter zu widrigen Umständen? Überprüfen Sie Ihre Arbeitsbedingungen und Ihr Arbeitsumfeld.

Manchmal hängt der Erfolg auch an Kleinigkeiten: Ist Ihr Hauptarbeitsplatz ökonomisch eingerichtet? Haben Sie genug Platz für Material und Notizen? Um nicht vorschnell zu ermüden, achten Sie darauf, dass Ihr PC ergonomisch richtig eingerichtet ist und die Beleuchtung stimmt. Nehmen Sie sich vor allem als Schreibende/Schreibender ernst, sorgen Sie gut für sich und schaffen Sie sich möglichst optimale Arbeitsbedingungen.

 **TIPP**

Überprüfen Sie regelmäßig Ihre Arbeitsbedingungen: ökonomischer Arbeitsplatz, passende Tageszeit, gut überschaubare Arbeitseinheiten, genügend Pausen?

4.4 Schreibort bewusst wählen

Brauchen Sie zum konzentrierten Schreiben einen abgeschlossenen Raum, in den möglichst wenig Lärm dringt? Oder arbeiten Sie im Gegenteil effektiver mit einer anregenden Geräuschkulisse im Hintergrund? Sitzen Sie gern still am Schreibtisch, um sich ausschließlich auf Ihr Thema zu konzentrieren? Oder gehen Sie lieber umher und bewegen sich? Es hängt von Ihren persönlichen Neigungen und Gewohnheiten ab, welche Bedingungen Sie zum Arbeiten brauchen, und es ist Ihre Aufgabe, dies herauszufinden.

Auch Schriftsteller, so hören wir, wählen ihren Arbeitsort bewusst und kennen die Bedeutung der richtigen Schreibwerkzeuge und der kreativen Schreibatmosphäre. So erklärt Uwe Johnson, er brauche zum Schreiben ein Zimmer „dessen Türen nur von mir geöffnet werden können" (Uwe Johnson, dt. Schriftsteller, 1934-1984; 4, 16).

Nutzen auch Sie die Möglichkeiten, sich von unterschiedlichen Umgebungen anregen zu lassen und finden Sie heraus, welches Ambiente Sie für welche Tätigkeit brauchen. Experimentieren Sie ruhig ein bisschen, bevor Sie eine längere wissenschaftliche Arbeit in Angriff nehmen. Es macht Spaß und wird Ihnen nützen, wenn es „ernst wird".

Eindrucksvoll beschreibt die amerikanische Schriftstellerin Mary McCarthy die Entstehung ihrer ersten Kurzgeschichte in einem kleinen geschlossenen Raum:

Als wir ungefähr eine Woche verheiratet waren, sagt er [Edward Wilson, Anm. E.-K]: „Ich glaube, du solltest mal was Erzählendes schreiben; meines Erachtens hast du Talent auf diesem Gebiet." Kurz entschlossen sperrte er mich in ein kleines Zimmer ein – natürlich schloss er die Tür nicht von außen ab, aber er sagt ganz einfach: „Bleib hier drin!" Und das tat ich denn auch. Ich setzte mich eben hin, und es kam. In diesem Zimmer ist die erste Geschichte entstanden, die ich geschrieben habe *(Mary McCarthy, amerik. Schriftstellerin, 1912-1989; 5, 231-32).*

Von ganz anderen Erfahrungen erzählt dagegen Peter Bichsel:

 Ich habe eine Netzkarte für die Schweiz, das ist relativ billig. Dadurch habe ich ein ganz billiges Arbeitszimmer. Ich muss sitzen bleiben; ich kann nicht immer aufstehen und auf und ab oder in die nächste Kneipe gehen. [...] Ich mag Geräusche, es ist mir völlig unmöglich, in der Ruhe zu arbeiten. Mir fällt in der Ruhe nichts ein *(Peter Bichsel, Schriftsteller, Schweizer Schriftsteller, geb.1935; 19, 40).*

Es muss nicht das abgesperrte Zimmer oder die Eisenbahn sein, aber probieren Sie ruhig einmal verschiedene Arbeitsorte aus. Vielleicht können Sie sich in der Bibliothek, in der andere Studierende um Sie herum auch arbeiten, leichter konzentrieren als zu Hause? Vielleicht lassen Sie sich dort weniger ablenken? Oder vielleicht brauchen Sie im Gegenteil möglichst viel Ruhe beim Schreiben und die Möglichkeit, zwischendurch hin und wieder einmal aufzustehen, ein bisschen herumzugehen und sich dann wieder an den Computer zu setzen? Das würde eher für Ihren häuslichen Arbeitsplatz sprechen. Finden

Sie heraus, wo Sie sich am besten konzentrieren können: an einem gut aufgeräumten Schreibtisch, auf dem ausschließlich Ihr Arbeitsmaterial liegt, oder eher mit einem Urlaubsfoto vor Augen oder einem Bild, das Ihre Phantasie anregt? Es gibt nicht *den* idealen Ort schlechthin, sondern nur den *für Sie* geeigneten Ort.

Sie können auch damit experimentieren, unterschiedliche Tätigkeiten an unterschiedlichen Orten auszuprobieren: Vielleicht skizzieren Sie Ihren Arbeitsauftrag für den nächsten Tag lieber in der Küche als am PC? Vielleicht kommen Ihnen die besten Ideen im Café? Vielleicht haben Sie beim Joggen oder im Auto gute Einfälle? Vielleicht strukturieren Sie Ihre Gedanken aber auch am liebsten auf dem Boden sitzend, Ihre Notizzettel um sich herum ausgebreitet?

 TIPP

Nehmen Sie sich jede Woche zehn Minuten Zeit und überlegen Sie, wo Sie sich in den vergangenen Tagen am besten konzentrieren konnten und welche Umgebung Sie für welche Tätigkeit brauchen.

Prüfen Sie, ob ein geregelter Schreib-Arbeitstag außer Hauses Ihre Konzentration fördert. Wenn Sie in der Bibliothek nicht ruhig arbeiten können, tauschen Sie doch einmal mit einem Freund/einer Freundin den häuslichen Arbeitsplatz. Besonders in der Überarbeitungsphase, in der wir versuchen, Distanz zum eigenen Text zu gewinnen, kann ein solcher Ortswechsel nützlich sein.

Probieren Sie ganz unterschiedliche Orte aus und lassen Sie dabei Ihrer Phantasie freien Lauf!

Lassen Sie Musik laufen oder schreiben Sie im Stehen. Thomas Wolfe hat auf einem Kühlschrank geschrieben und Ernest Hemingway stellte seine Schreibmaschine auf eine Kommode. Beginnen Sie den Tag, indem Sie in der Badewanne schreiben wie Nabokov. Nichts ist zu albern, wenn Sie dadurch ins Schreiben kommen! *(Donald M. Murray, amerik. Schriftsteller und Schreibforscher, 1924-2006; 29,190).*

4.5   Rituale zum Schreibbeginn

Fast alle Schriftsteller entwickeln ein bestimmtes Ritual, um ins Schreiben zu kommen:

 Die chinesischen Kalligraphen praktizierten eine quasi religiöse Askese: Ein buddhistischer Mönch zog sich zum Schreiben dreißig Tage lang in eine Berghütte auf dem Gipfel zurück ... Wenn man eine gute Anzahl von heutigen Schriftstellern befragte […], würde man zweifellos gewahr, dass sie sich nicht ans Schreiben machen können ohne ein ganzes Knäuel von Gewohnheiten und Instrumenten: die Vorliebe für bestimmte Stundenpläne, bestimmte Orte, das Lieblingspapier, das alles, manchmal bis zur Obsession entwickelt, enthält einen unentwirrbaren Komplex von Motivationen *(Hanns-Josef Ortheil, dt. Schriftsteller, geb.1951; 34,42).*

Von Elias Canetti heißt es, er habe ganz viele fein gespitzte Bleistifte auf dem Schreibtisch haben müssen. Manche Schriftsteller schreiben mit Musik im Hintergrund, die sie von der Außenwelt abschirmt:

🔊 Und ich weiß ganz genau, wenn ich ein besonders schwieriges Stück durchzudenken hab' und mir etwas dabei vorspielen kann, das Ordnung und Sinn und Zusammenhang enthält – „Das Wohltemperierte Klavier", „Die Kunst der Fuge" – , dann scheint es mir wirklich zu helfen *(Frederick Wyatt, amerik. Psychoanalytiker und Schriftsteller, geb.1911; 8,198).*

Eine abgeschiedene Atmosphäre lässt sich manchmal auch mit eher ungewöhnlichen Mitteln herstellen:

🔊 Ich kann überall schreiben, am besten aber nachts, und ich brauche Druck auf den Ohren. Ich habe so spezielle Kopfhörer, die sich an meine Ohrmuschel saugen. Das fühlt sich dann so an wie unter Wasser. Und dieses Gefühl mag ich sehr *(Nora Gantenbrink, dt. Schriftstellerin, geb.1986; 14, 39).*

Eine eigene „Stimmung" für das Schreiben zu schaffen, scheint vielen Schriftstellern besonders wichtig zu sein. Dabei spielen neben Musik auch andere Stimulantien eine Rolle. Von Friedrich Schiller wissen wir, dass er sich von dem Geruch faulender Äpfel in seinem Schreibtisch inspirieren ließ, andere Schriftsteller nennen Alkohol, Zigaretten, aber auch Kaffee und Tee, Schokolade und Kölnisch Wasser. Dabei ist der Genuss anregender Substanzen meistens mit einem bestimmten Ritual verbunden:

🔊 Dann gibt's natürlich vorbereitende Rituale. Ich muss erst mal Tee kochen, muss meine Zigaretten drehen; meistens zerreiße ich sehr viel Papier, bevor ich überhaupt anfange. Ich bin Fetischistin: ich muss immer ein schönes weißes Papier in die Schreibmaschine tun *(Anna Rheinsberg, dt. Schriftstellerin, geb.1956; 8,177).*

Aber auch anregende Gegenstände oder Bilder können das Denken befördern: So ließ sich Hugo von Hofmannsthal von den Skulpturen Rodins inspirieren. Die Betrachtung vor allem kleiner Kunstobjekte regte Goethe immer wieder zur dichterischen Produktion an und Gottfried Benn inspirierte das Durchblättern ausgewählter Fotobände.

Vielleicht finden Sie ja für sich ein Bild, ein kleines Objekt, ein Reisemitbringsel oder ein originelles Mauspad, das Ihre Konzentration fördert und Ihnen hilft, gern an Ihren Schreibtisch zu gehen.

Von Frank O'Connor hören wir, dass er sich selber immer wieder ermutigt, um auf diese Weise leichter ins flüssige Schreiben zu kommen:

 Ich tue immer so, als ob ich was könnte, bis ich dann entdecke, dass ich es tatsächlich kann, wie dilettantisch auch immer […] Ich kümmere mich nicht die Bohne um das Resultat; ich schreibe wild drauflos, bis sich die Hauptumrisse der Story abzeichnen, und dann weiß ich, worauf ich eigentlich hinaus will *(Frank O'Connor, irischer Schriftsteller, 1903-1966, 7,190/193).*

4.6   Routine aufbauen

Zahlreiche Autoren betonen, wie wichtig ein regelmäßiger Schreibrhythmus für das flüssige Schreiben ist:

 Wenn eine aktive Phase kommt, […] ist es wichtig, dass ich jeden Tag eine gewisse Zeit mit dem Meißel am Stein dran bin. Das können zwei Stunden, drei Stunden, vier Stunden sein *(Hermann Burger, Schweizer Schriftsteller, 1942-1989; 8,149).*

Wie viel der „Schreibzeit" dabei tatsächlich dem Schreiben selber gilt, hängt allerdings von der Arbeitsmethodik des Schreibers ab. So berichtet William Styron, dass er unter günstigen Bedingungen zweieinhalb oder drei Seiten am Tag in ungefähr fünf Stunden schaffe:

 Von dieser Zeit fällt dem eigentlichen Schreiben allerdings nur eine kurze Spanne zu. Ich gehe nämlich erst einmal im Kopf die Story durch, bevor ich zu schreiben anfange *(William Styron, amerik. Schriftsteller, 1925-2006; 7,310)*.

Wie überragend wichtig eine festgesetzte Schreibzeit ist, illustriert auch Alfred Andersch in einem Interview:

 Ich könnte auch in einer Kohlenkiste arbeiten. Das einzige, was ich benötige, sind die Stunden von 8 bis 13 Uhr. In dieser Zeit schreibe ich manchmal fünf Seiten, manchmal nur eine halbe Seite. Aber diese Zeit zwischen 8 und 13 Uhr muss ich haben *(Alfred Andersch, dt. Schriftsteller, 1914-1980; 4,149)*.

Der amerikanische Schreibforscher Donald Murray macht in seinen Überlegungen zur Schreibroutine darauf aufmerksam, dass man gar nicht immer wissen kann, ob man an einem bestimmten Tag flüssig oder eher mühsam ins Schreiben kommen wird. Deshalb ist es um so wichtiger, täglich am Schreibtisch zu sitzen und dem Schreiben eine Chance zu geben, indem man einfach drauflosschreibt (Donald M. Murray, 1924-2006; 30,43). Wenn Ihnen allerdings trotz guter Arbeitsbedingungen hin und wieder einfach kein Text gelingen will, trösten Sie sich damit, dass die Routine des täglichen Schreibens Sie weiterbringen wird:

Schreiben hat mit Warten zu tun. Die Arbeit besteht darin, dass man sich hinsetzt vor ein weißes Blatt und wartet, bis es beginnt. Im Prinzip schreibe ich unregelmäßig, weil ich ein undisziplinierter Mensch bin. Aber es hat sich schon ein Rhythmus eingespielt. Ich sitze immer zur gleichen Zeit hier und zur gleichen Zeit in der Kneipe (*Peter Bichsel, Schweizer Schriftsteller, geb. 1935; 19,40).*

Wie sich das Warten sogar gezielt als Technik nutzen lässt, illustriert Donald Murray: Nehmen Sie sich ein Textstück vor, das Sie schreiben möchten, aber nicht schreiben können. Stellen Sie einen Timer auf 15 Minuten, lassen Sie die Gedanken schweifen, „umspielen" Sie Ihr Thema, ohne sich zum Nachdenken über Ihren Gegenstand zu zwingen, und notieren lediglich die Einfälle, die sich von selbst einstellen. Hören Sie nach 15 Minuten auf. Wiederholen Sie diese Übung für einige Tage oder eine Woche, immer zur selben Zeit. Bei jeder „Session" wird das Unbewusste stimuliert, sich immer wieder mit dem Stoff zu beschäftigen, so dass Ihnen auch während des Tages Einfälle zu Ihrem Thema kommen werden. Halten Sie diese Einfälle fest. Irgendwann werden Sie merken, dass jetzt die Zeit gekommen ist, Ihre Gedanken zum Thema aufzuschreiben (Donald M. Murray, amerik. Schriftsteller und Schreibforscher, 1924-2006; 30,70).

Fast alle Schriftsteller bekräftigen, wie wichtig eine gewisse Routine für das Schreiben ist. Probieren Sie deshalb aus, welchen Effekt Ihre regelmäßige Verabredung mit Ihrem PC am immer gleichen Ort zu vorher festgelegten Zeiten hat.
Wolfgang Koeppen erinnert daran, dass Thomas Mann der festen Überzeugung war,

man müsse sich zu einem vorgenommenen Termin […] an den Tisch setzen […], und selbst wenn einem nichts einfiele, oder wenn man keine Lust hätte, müsse man die Stunden absitzen vor dem weißen Papier, an diesem Tisch, sonst gäbe es einen Bruch, das Buch ginge nie weiter und würde sich endlos verzögern. Und das stimmt […] „Ach, ich habe heute keine Lust, nein, ich will nicht, ich gehe ins Café" oder sonst etwas; das sagt man dann allmählich jeden Morgen! *(Wolfgang Koeppen, dt. Schriftsteller, 1906-1996; 8,21).*

Planen Sie Ihre Schreibzeit möglichst realistisch. Stellen Sie sich vor Schreibbeginn folgende Fragen:
Welches Pensum kann/muss ich in dieser Woche erledigen? Wird genug störungsfreie Zeit zur Verfügung stehen, um das Schreibpensum zu schaffen? Was muss ich im Tagesplan eventuell ändern? Wo kann ich mir dafür Unterstützung/Entlastung holen?
Mitunter ist es auch hilfreich, sich selber ein wenig unter Druck zu setzen. Auch wenn Ihr Dozent/Ihre Dozentin Ihnen kein Zeitlimit gesetzt hat, nehmen Sie sich selber einen Zeitpunkt vor, an dem Sie die Arbeit abgeben wollen. Nur so wird eine vernünftige Zeitplanung möglich. Gleichzeitig kann die positive Anspannung Sie motivieren, indem sie Ihr Potenzial aktiviert:

 Nur der unerbittliche Druck des Abgabetermins zwingt mich, die Literaturrecherchen abzubrechen, mich mit den bis dahin gesammelten Daten zu begnügen, mit dem Lesen und dem Exzerpieren Schluss zu machen und mit dem Mut zur Lücke anzufangen, die eigenen Gedanken zu formulieren *(Klaus Peter Kisker, dt. Volkswirtschaftler, geb.1932; 32,48).*

Eine individuelle, realistische Zeitplanung ist also für motiviertes Schreiben unerlässlich. Dabei hat es sich bewährt, für jeden Tag genau festzulegen, welches konkrete Ziel wir erreichen wollen und welchen Zeitrahmen wir uns dafür setzen. Um Tagesziele festlegen zu können, muss das gesamte Projekt allerdings zunächst in viele kleine Arbeitsaufträge unterteilt werden. Durch solche „Arbeitsaufträge" lassen sich Verbindlichkeit und Effektivität steigern. Setzen Sie sich möglichst kleinschrittige Zwischenziele, die sich innerhalb weniger Tage erreichen lassen. Das erhöht die Zufriedenheit, weil Sie in kurzer Zeit Ihre angepeilten Ziele erreichen.
Wie die Begrenzung der Schreibzeit die Motivation und Konzentration steigert, beschreibt Gerd Gigerenzer aus eigener Erfahrung:

 Wenn es schwer wird, eine lange Distanz zu gehen, dann muss man sich eben fesseln. Jeden Tag […] gebe ich mir nur vier Stunden Zeit. Das schafft eine völlig andere Situation. Aus dem unendlich langsamen Verrinnen der Zeit wird ein begrenzter Zeitraum, den man zügig nutzt, um das Tagesziel zu erreichen. Das ist natürlich glatter Selbstbetrug, aber es funktioniert *(Gerd Gigerenzer, dt. Psychologe, geb.1947; 26,41).*

Diese Kontigentierung, d.h. Begrenzung der eigenen Arbeitszeit hat unter anderen auch Bernhard Shaw praktiziert, indem er jeden Tag acht Stunden am Schreibtisch saß, auch wenn der Schreibfluss scheinbar versiegt war. Vor lauter Langeweile – denn andere Tätigkeiten waren in dieser Zeit verboten! –, schrieb er dann eben doch, und schon hatte er ins Schreiben hineingefunden. Nach Ablauf der acht Stunden aber begann die freudig begrüßte Zeit des Nicht-Schreibens.

Legen Sie am besten zu Beginn Ihrer Schreibphase schriftlich fest, welches inhaltliche Ziel Sie an dem vor Ihnen liegenden Tag erreichen wollen und wie viel Zeit Sie sich dafür geben. Ein sinnvolles Maß könnten z.B. vier Stunden – mit zusätzlichen Pausen – sein.

Überprüfen Sie in den ersten Schreibtagen, ob Ihr Zeitplan realistisch ist und passen Sie ihn gegebenenfalls an Ihr individuelles Tempo an.

Für die gesamte Arbeit sollten Sie sich auf alle Fälle eine Deadline setzen, auch wenn Ihr Abgabetermin grundsätzlich offen ist. Erst wenn wir auf ein konkretes Ziel zusteuern, arbeiten wir auch zielgerichtet. Studierende berichten oft davon, dass ihnen das konzentrierte Arbeiten leichter fiel, nachdem sie sich gezwungen hatten, nach hinreichenden Vorarbeiten die Abschlussarbeit offiziell anzumelden. Diese Verbindlichkeit wirkt dann motivierend, wenn der Schreibende zu diesem Zeitpunkt bereits genau weiß, um welche Frage es in der eigenen Arbeit gehen soll und auf welchem Weg er eine Antwort finden kann.

 TIPP

Legen Sie eine Deadline für Ihr Arbeitsprojekt fest. So steigern Sie Ihre Konzentration und können zielgerichteter arbeiten.

Regelmäßigkeit und Routine sind vor allem für das Schreiben der Rohfassung hilfreich. „Anfallsartiges" Schreiben auf den letzten Drücker ist dagegen besonders für längere wissenschaftliche Arbeiten nicht gerade der Königsweg. So empfiehlt Wolfgang C. Müller seinen Studierenden Routine statt Rausch:

Wenn Sie soweit sein werden, dass Sie "an Ihrer wissenschaftlichen Arbeit sitzen", dann sollten Sie in die Routine eines Handwerkers schlüpfen, der früh in die Werkstatt geht, der eine halbe Stunde vespert und der am späten Nachmittag auf die Uhr schaut, um den Feierabend nicht zu verpassen. All die nächtlichen Schreiborgien, deren Pathetisierung wir dem bürgerlichen Geniekult […] verdanken, sind vom Ergebnis her wenig effektiv. Der Großteil der auf diese rauschhafte Weise produzierten Texte fällt, wenn es gut geht, am übernächsten Morgen der Selbstzensur zum Opfer. Machen Sie sich also, wenn Sie soweit sind, einen ganz gewöhnlichen Achtstundentag und gönnen Sie sich anschließend den verdienten Feierabend ebenso wie ein kurzes Wochenende *(Wolfgang C. Müller, dt. Sozialpädagoge, geb.1928; 26,86)*.

Statt die *Schreibzeit* zu begrenzen lässt sich auch das *Schreibpensum* vorher festlegen. Jack London nahm sich vor, genau 100 Zeilen täglich zu schreiben. Wenn dieses Ziel erreicht war, hatte er sein Schreibpensum geschafft:

 Unveränderlich Punkt neun saß ich am Schreibtisch. Um elf, zuweilen einige Minuten früher oder später, waren meine hundert Zeilen fertig. Eine halbe Stunde nahm das Aufräumen meines Schreibtischs in Anspruch, und dann war mein Tagewerk vollbracht *(Jack London, amerik. Schriftsteller, 1876-1916; 35, 344)*.

Wahrscheinlich werden Sie eher weniger als 100 Zeilen täglich schreiben. Probieren Sie doch einfach aus, wie viel Text Sie durchschnittlich an einem Tag produzieren können, und legen Sie Ihr Schreibpensum entsprechend fest.

Statt Zeilen können Sie auch wie Donald Murray Wörter zählen und festlegen, wie viele Wörter Sie täglich schreiben möchten:

 Wörter zählen bedeutet für mich, bei einem längeren Projekt immer ein sinnvolles tägliches Ziel zu haben: „Einen Elefanten isst man auch nur Biss für Biss". Außerdem kann ich selber mein tägliches Schreiben nur sehr schwer beurteilen. Was ich furchtbar finde, stellt sich später als ganz gut heraus; was mir dagegen gelungen erscheint, ist oft unbrauchbar. Wenn ich aber die Wörter zähle, so kann ich mir sagen: „Okay, ich habe heute Morgen 823 Wörter geschrieben" und kann auf die Bewertung erst einmal verzichten. Das ist besonders bei längeren Projekten hilfreich, bei dem sich das tägliche Pensum eigentlich erst richtig beurteilen lässt, wenn man das gesamte Manuskript vor sich hat *(Donald M. Murray, amerik. Schriftsteller und Schreibforscher, 1924-2006; 30,46, Übers. E.-K.).*

Sobald Sie Ihre geplante Textmenge geschrieben haben, dürfen und müssen Sie aufhören, mitunter auch mitten im Satz. Dabei werden Sie die Erfahrung machen, dass sich manche Passagen mühelos schreiben lassen, andere dagegen mühevoll erkämpft werden müssen. Das hängt mit Ihren Vorkenntnissen zusammen und mit der Sicherheit, die Sie Ihren Ergebnissen und Argumenten gegenüber haben. Je mehr Vorkenntnisse Sie haben, umso flüssiger können Sie Ihre Argumente darstellen, weil Sie sich in der Materie auskennen. Je fundierter Sie Ihre Ergebnisse belegen und erläutern können, desto eher trauen Sie Ihren eigenen Worten und Argumenten.

In jedem Fall aber werden Sie leichteren Herzens schreiben können, sobald Sie das Textpensum jedes Tages begrenzen. Dass es manchmal allerdings auch etwas mehr sein darf, bestätigt Johannes Mario Simmel:

🔊 Ich habe mir [...] ein Gesetz auferlegt: soundso viele Zeilen am Tag müssen es sein, mehr ist erlaubt, weniger ist verboten *(Johannes Mario Simmel, österr. Schriftsteller, 1924–2009, 19,221).*

⬛ **TIPP**

Legen Sie für jeden Schreibtag eine feste Anzahl an Seiten/Zeichen/Wörtern fest, die Sie schaffen wollen. Nach einer Woche überprüfen Sie, ob Sie Ihre Schreibkapazität richtig eingeschätzt haben oder sie korrigieren müssen.

Erfolgversprechend ist auch eine Mischung aus Zeitkontigentierung und Textkontigentierung: Legen Sie vor Schreibbeginn schriftlich fest, wie viele Seiten Text Sie in welcher Zeit produzieren wollen. Diese Planung muss Tag für Tag der aktuellen Schreibaufgabe angepasst werden, um dem unterschiedlichen Schreibtempo bei den unterschiedlichen Schreibanforderungen gerecht zu werden.

Manchmal kann man auch zwischen Zeitkontigentierung und Textkontigentierung wechseln. So erzählt der schwedische Regisseur Ingmar Bergman in einem Interview, dass er beim Schreiben einem festen Ritual folgt: Er schreibt genau drei Stunden am Tag, mehr nicht, auch wenn er mitten im Satz aufhören muss. Auf seinem vollständig aufgeräumten Schreibtisch muss sein Lieblingspapier, gelbe linierte Blöcke, von denen er sich für seinen persönlichen Gebrauch 800 Stück anfertigen ließ, bereit liegen. Dann kann er mit der ersten Schreibeinheit von 45 Minuten beginnen. Nach einer Pause folgen die nächsten Schreibeinheiten von jeweils 45 Minuten. Als er nach einer persönlichen Krise zeitweise überhaupt nicht mehr schreiben konnte, verordnete er sich fünf Seiten pro Tag, egal zu welchem

Thema. Als dieses Ritual ihn nach und nach wieder zum Schreiben zurückfinden ließ, erhöhte er allmählich sein Pensum, bis er zu seiner gewohnten Produktivität zurückfand.

Um Ihre Motivation konstant zu halten, wechseln Sie häufiger zwischen anspruchsvollen und eher leichten Schreibaufgaben. Schreiben Sie das „Leichte" zuerst, um möglichst früh einen vorläufigen Text zu haben, an dem Sie weiterarbeiten können. Dann aber schreiben Sie nach Lust und Laune jeweils an dem Passus weiter, der Ihnen Spaß macht oder zu dem Ihnen gerade etwas Passendes einfällt. Motivation entsteht durch Tun! So wird Ihre Motivation in dem Maße steigen, in dem Sie anfangen zu schreiben. Probieren Sie es aus! Es funktioniert!

Wenn Sie es allerdings wiederholt nicht schaffen, Ihren Arbeitsplan annähernd einzuhalten, versuchen Sie es auf einem anderen Weg. Betrachten Sie Ihre Schreibarbeit wie einen Job, für den Sie bezahlt werden: Regelmäßigkeit und Verbindlichkeit sind unbedingt nötig. Auch bei gleitender Arbeitszeit müssen Sie sich an zuvor getroffene Vereinbarungen halten! Friedrich Dürrenmatt bezeichnet in einem Interview mit Horst Bienek regelmäßige Schreibzeiten als wichtig für den Erfolg seiner Arbeit:

 Dürrenmatt: Meistens schreibe ich von 10 bis 12 Uhr morgens und von 2 bis 5 Uhr nachmittags so etwa, in einem Büro, in einem freundlichen.
Bienek: Das ist eine Einteilung wie Bürostunden, oder wie bei einem Handwerker.
Dürrenmatt: Ich glaube, dass ich ein Arbeiter, ein Handwerker bin.
(Friedrich Dürrenmatt, Schweizer Schriftsteller, 1921-1990; 4,131-132).

TIPP

Um regelmäßige Arbeitszeiten leichter einhalten zu können, verabreden Sie sich mit einem Freund/ einer Freundin, legen sie gemeinsame Arbeitszeiten fest und tauschen Sie regelmäßig Ihre Erfahrungen aus.

Planen Sie nicht nur regelmäßige Arbeitszeiten, sondern legen Sie ebenso regelmäßig Pausen ein. Arbeiten Sie nicht erst bis zur Erschöpfung, bevor Sie sich eine Pause gönnen, sondern planen Sie Ihre Erholungsphasen ebenso ernsthaft wie Ihre Arbeitszeiten.

Wahrscheinlich werden Sie an manchen Tagen rasch und flüssig schreiben können, an anderen dagegen nur mit Mühe. Gleichen Sie diese Schwankungen aus. Legen Sie auch an „guten" Tagen Schreibpausen ein und hören Sie ungefähr nach den üblichen 4 Stunden auf. Es kann Ihnen nämlich passieren, dass Sie an einigen Tagen Ihr „Soll" zwar übererfüllen, danach aber so ausgelaugt sind, dass Sie übermäßig lange zur Erholung brauchen. An „schlechten" Tagen versuchen Sie „dran zu bleiben", auch wenn Sie manchmal nur wenig aufs Papier bringen. So erhalten Sie sich Ihre Schreibgewohnheiten und haben weniger Schwierigkeiten, jeden Tag neu ins Schreiben zu kommen. Wenn Sie allerdings, in Ausnahmefällen, merken, dass gar nichts mehr geht, dass auch die Tipps gegen Schreibblockaden einfach nicht helfen, gönnen Sie sich einen freien Tag. Danach geht es meistens viel besser:

Da rege ich mich auch schon gar nicht mehr auf, wenn es Tage gibt, an denen nichts geht und es einem nicht einfällt und man noch nicht einmal das, was man geschrieben hat, beurteilen kann. Da muss man einfach eine Weile warten. Man lernt aber im Laufe der Zeit, dass jeder misslungene Versuch zum Arbeitsprozess gehört und nichts, was man in den Papierkorb schmeißt, umsonst gewesen ist. Weil alles Schritte sind oder Umwege (*Sarah Kirsch, dt. Schriftstellerin, 1935-2013; 19,24*).

Auf welche Weise auch immer Sie sich zum Schreiben motivieren, denken Sie daran, dass zum flüssigen Schreiben auch einfach ganz viel Übung gehört. Deshalb ist es wichtig, früh ins Schreiben zu kommen, denn Schreiben lernt man nur durch Schreiben! Schreiben Sie deshalb so oft wie möglich kurze Texte: wenn Fragen auftauchen, wenn Sie eine Idee für ein Arbeitsprojekt suchen, wenn Sie sich über Ihren Schreibprozess klar werden wollen, wenn Sie neue Forschungsbeiträge zu Ihrem Thema lesen und darüber nachdenken. Schreiben Sie zwischendurch auch immer einmal wieder einen kurzen kreativen Text. Verschiedene Schreibimpulse zum Ausprobieren finden Sie in Kapitel 9.

4.7 Bilanz ziehen

Vergessen Sie nie, am Ende eines Schreibtages Bilanz zu ziehen! Haben Sie Ihren Arbeitsplan erfüllt, belohnen Sie sich. Sind Sie wesentlich hinter Ihrem Plan zurückgeblieben, überprüfen Sie Ihre Arbeitsbedingungen, sprechen Sie mit anderen darüber, versuchen Sie, soviel wie möglich aus den Erfahrungen anderer Schreibender zu lernen und ändern Sie unter Umständen Ihren Zeitplan.

Setzen Sie sich viele kleine Zwischenziele: z.B. das Exposee schreiben, die Gliederung erstellen, den Methodenteil skizzieren, die Theorie beschreiben, die Datenauswertung durchführen, die Abbildungen fertigstellen. Nach jedem Zwischenziel ziehen Sie Bilanz. So gewinnen Sie lauter kleine Erfolgserlebnisse und erkennen mögliche Sackgassen rechtzeitig.

4.8   Schreibflow fördern

Halten Sie hin und wieder inne und überlegen Sie, wann Sie mit Ihrem Schreiben zufrieden waren. Wann gelang es Ihnen mühelos oder doch mit weniger Mühe, ins Schreiben zu kommen? Unter welchen konkreten Bedingungen haben Sie damals geschrieben und was ist jetzt anders? Achten Sie auf alle Symptome von Schreibflow, um möglichst genau zu wissen, welche Bedingungen Ihnen das Schreiben erleichtern.

 ÜBUNG

Schreiben Sie einen kurzen spontanen Text über eine positive Schreiberfahrung: Wo haben Sie damals geschrieben? Wer hat Ihnen den Schreibauftrag erteilt? Wo haben Sie sich Anregungen geholt? Zu welcher Tageszeit haben Sie geschrieben? Wie sah Ihre Umgebung aus? An welche Gedanken und Gefühle beim Schreiben können Sie sich noch erinnern? Welche Rückmeldung haben Sie auf Ihren Text bekommen?

Blicken Sie hin und wieder auch auf Ihre Schreibbiographie: Welche guten Schreiberfahrungen haben Sie in der Schule gemacht? Welche gelungenen Schreibexperimente gab es in Ihrer Freizeit? Haben Sie als Kind gern geschrieben? Was waren Ihre Lieblingsautoren und Lieblingstexte? Gehen Sie immer wieder aktiv auf die Suche nach positiven Schreiberfahrungen: Schreiben Sie spontan kreative Texte, kurze Entwürfe für zukünftige Projekte, notieren Sie immer wieder Gedanken und Fragen in Ihrem wissenschaftlichen Journal und begleiten Sie auch Ihre Forschungslektüre mit Fragen und kurzen Kommentaren.

Achten Sie auch auf Ihre aktuelle Schreibstimmung: Wann schreiben Sie gern und mit Schwung? Wann fällt Ihnen das Schreiben eher schwer? Protokollieren Sie einmal für ein oder zwei Wochen Ihre Schreibstimmung und werten Sie dieses Protokoll anschließend aus: Versuchen Sie herauszufinden, was Ihnen ganz persönlich beim Schreiben gut tut! Vielleicht fällt Ihnen das Schreiben in einer Gruppe leichter? Vielleicht brauchen Sie jemanden, der Ihnen einen ganz konkreten Arbeitsauftrag gibt? Vielleicht hilft Ihnen auch ein wenig wohldosierter Stress, um im Schreiben zu bleiben? Finden Sie heraus, welcher Schreibtyp Sie sind – es lohnt sich!

 ÜBUNG

> Stellen Sie sich vor, eine Freundin quält sich gerade mit einer Hausarbeit. Was würden Sie ihr raten? Womit sollte sie anfangen? Was sollte sie auf keinen Fall tun? Welche Fragen sollte sie stellen? Schreiben Sie einen Brief an diese Freundin.
>
> Lesen Sie sich Ihren Brief nach einigen Tagen selber laut vor. Entdecken Sie hilfreiche Tipps und probieren Sie sie sofort aus.

Elizabeth Yates empfiehlt, den Schwung des Schreibens unbedingt zu nutzen, solange das Schreiben fließt:

Schreibe. Schreibe im Flow deiner Inspiration. Halte nicht inne, um das genaue Wort zu finden oder eine Satzkonstruktion zu verbessern; mach dir keine Sorgen über die Grammatik. Wenn du nach einem Wort suchst, lasse eine Lücke; wenn du später deinen Text wieder liest, wirst du das Wort finden, und wenn nicht, kannst du dir Zeit nehmen, es zu suchen. Vielleicht dauert der Schwung des ersten Schreibens nicht sehr lange, also nutze ihn…*(Elizabeth Yates, amerik. Schriftstellerin, 1905 – 2001; 30,145, Übers. E.-K.).*

Ebenso wichtig wie die Suche nach motivierenden Schreibimpulsen ist die Wahrnehmung von Schreibhindernissen. Ein Schreiber, der den Zustand des Flows kennt, kann sich erfahrungsgemäß leichter immer wieder selber ins flüssige Schreiben bringen, indem er negative Entwicklungen rasch und gezielt umkehrt. Je eher Sie merken, dass Sie gerade in eine Sackgasse geraten, desto eher können Sie gegensteuern. Entwickeln Sie möglichst früh im Schreibprozess die nötige Achtsamkeit, um rechtzeitig Fehlentwicklungen zu erkennen. Halten Sie inne, wenn Sie merken, dass Sie die Lust am Schreiben verlieren und fragen Sie sich, was gerade schiefläuft: Unterfordert oder überfordert Sie Ihre Schreibaufgabe? Haben Sie sich im Forschungsdschungel verrannt? Sehen Sie Ihr Ziel nicht mehr klar vor Augen? Sind Sie zu weit vom Thema abgekommen? Versuchen Sie möglichst rasch gegenzusteuern: Überprüfen Sie die Schreibanforderungen; zeichnen Sie ein Mindmap der Forschungslandschaft; formulieren Sie die Leitfrage Ihrer Arbeit und entwickeln Sie die dazu gehörenden Unterfragen; überprüfen Sie den Fokus Ihrer Arbeit. Manchmal hilft es auch schon, eine Pause einzulegen, den Schreibort zu wechseln oder an einer anderen, weniger schwierigen Stelle der Arbeit weiterzuschreiben.

Wie bei allen Schreibenden spielt die Selbstermutigung auch bei professionellen Schriftstellern eine wichtige Rolle. Gefragt, ob hm das Wiederlesen der eigenen Bücher Spaß mache, antwortet Ernest Hemingway:

 Ich lese sie manchmal, um mich aufzumuntern, wenn mir das Schreiben schwerfällt, und dann erinnere ich mich, dass es mir immer schwerfiel und manchmal beinahe unmöglich erschien *(Ernest Hemingway amerik. Schriftsteller, 1899-1961; 5,176).*

Ebenso hilfreich kann es sein, sich bereits bei Schreibbeginn den gelungenen eigenen Text fertig vorzustellen:

 Ohne vorauseilende Vorstellungen würde vielleicht niemand mit dem Schreiben beginnen *(Dieter Wellershoff, dt. Schriftsteller, geb.1925; 1,233).*

So sieht Thornton Wilder sein Buch während des Schreibens „schon gebunden" und motiviert sich durch die Vorstellung „die Lektüre werde einem später ein ebenso großes Vergnügen bereiten wie die Lektüre des Werkes eines anderen Verfassers" (Thornton Wilder, amerik. Schriftsteller, 1897-1975; 7,137).
Entwickeln Sie eigene positive Denkbilder: Stellen Sie sich vor, wie erleichtert Sie sein werden, wenn Ihre Arbeit fertig getippt oder auch gebunden vor Innen auf dem Tisch liegt. Malen Sie sich aus, wie Sie die Abgabe einer Terminarbeit mit Freunden feiern werden. Lassen Sie Ihrer Phantasie freien Lauf!

5. Ins Schreiben kommen

5. Ins Schreiben kommen

Zweifel an der eigenen Schreibfähigkeit kennt jeder Schreibende zur Genüge. Doch es ist tröstlich zu hören, dass auch und gerade Schriftsteller häufig davon geplagt werden.

5.1 Aller Anfang ist schwer

Auf die Frage „Fällt Ihnen das Schreiben leicht?" bekennt die Schriftstellerin Herta Müller:

 Das Anfangen fällt mir immer schwer. Ich habe jedesmal Angst, dass ich nicht schaffe, was ich möchte; Zweifel daran, dass ich es überhaupt kann *(Herta Müller, dt. Schriftstellerin, geb.1953; 19,88).*

Die Angst vor dem leeren Blatt gehört offensichtlich zum Schreiben:

  Das Gefühl, vor einem kompakten Massiv zu stehen, vor einem Berg, den man auf irgendeine Weise umgehen, vielleicht auch überklettern muss oder den man unterminieren, den man durchstoßen muss […], diese Gefühlslage ist für mich identisch mit der produktiven Stimmung überhaupt *(E.M. Forster, engl. Schriftsteller, 1879-1970; 7,37).*

Es ist wichtig, den unüberwindlichen Berg vor uns in lauter kleine Brocken zu zerschlagen, indem wir uns überschaubare Arbeitsaufträge geben. Solche Arbeitsaufträge können z.B. heißen: Lege eine zentrale Frage für deine Arbeit fest, entwickle Unterfragen, finde Antworten, begründe diese Antworten, bringe die Antworten in eine überzeugende Reihenfolge, erkläre die Antworten und unterfüttere sie mit Beispielen. Statt der großen Angst vor dem leeren Blatt sehen wir uns nun realen Anforderungen gegenüber, die man nach und nach angehen und bewältigen kann. So tun sich viele Schreibende besonders schwer mit dem ersten Satz.

  Wenn man das mit dem ersten Satz übersteigert, kommt man nie über ihn hinaus. Das ist was Furchtbares. Es muss erst mal geröllartig angefangen werden, und wenn sich Konturen abzeichnen, schaue ich vorne nochmals nach: Wie fängt denn das an? Ich schreibe sowieso nie einen Satz nach dem anderen, sondern arbeite von jeder Stelle gleichzeitig nach vorne und zurück *(Sten Nadolny, dt. Schriftsteller, geb.1942; 19,73).*

Es kommt also erst einmal darauf an, sich ins Abenteuer des Schreibens zu stürzen und erst später systematisch Verbindungen zu knüpfen, die Logik herauszuarbeiten und dem Text eine wissenschaftliche Form zu geben. Wenn Sie zu früh möglichst perfekt schreiben wollen, bauen Sie sich selber unnötige Hindernisse auf.

Setzen Sie sich zunächst für Ihren ersten Schreibtag ganz einfach das Ziel, eine Seite Text zu produzieren, nicht mehr und nicht weniger. Der Text muss in irgendeiner Weise thematisch relevant, aber er muss nicht perfekt sein, weder in der Aussage noch in der Formulierung:

🔊 Mein Rat für Schreibende mit „Writing block", also „Schreibhemmungen", ist: anfangen und irgend etwas schreiben! […] Wenn ein paar tröstliche Zeilen auf dem Papier stehen, ist die Schlacht schon halb gewonnen. Irgend etwas hinkriegen, verbessern lässt sich's immer; nur das Nichts lässt sich nicht verbessern *(Frederick Wyatt, amerik. Psychoanalytiker und Schriftsteller, geb.1911; 8,192-93).*

Ähnlich rät auch David Safier dazu, auf jeden Fall jeden Tag irgendetwas zu schreiben, auch wenn einem nicht viel einfällt:

🔊 Es macht keinen Sinn, auf die Muse zu warten. Das heißt, man sollte jeden Tag schreiben, und wenn einem nichts einfällt, schreibt man darüber, dass einem nichts einfällt. *(David Safier, dt. Schriftsteller, geb.1966; 27, 38).*

Sie können sich auch durch vorläufige handschriftliche Notizen und Entwürfe erst einmal in den Text „hineinmogeln":

🔊 Da ist sogar die Schreibmaschine unbrauchbar, weil ich mich in einen Text hineinmogeln muss; ich muss von der Fiktion ausgehen, dass ich noch gar nicht schreibe, sondern dass ich notiere, dass ich redigiere, dass ich disponiere. Der nächste Akt ist dann die Abschrift des Manuskripts; sie hat für mein Bewusstsein schon redaktionelle Züge, so dass der eigentliche Produktionsprozess bei mir offiziell nicht stattfindet *(Adolf Muschg, Schweizer Schriftsteller, geb.1934; 8,118).*

Probieren Sie es aus: Versammeln Sie alle verstreuten Notizen zu Ihrem Thema, bringen Sie Ihre Ideen und Bemerkungen in eine vorläufige Ordnung, formulieren Sie aus Stichworten ganze Sätze, verbinden Sie diese Sätze miteinander und tippen Sie diesen Rohtext erst dann in Ihren PC. Jetzt haben Sie einen ersten vorläufigen Text und können mit der Bearbeitung beginnen.

Finden Sie es auch am schwierigsten, den ersten Satz oder den ersten Abschnitt zu formulieren? Dann probieren Sie einmal, statt *einem* einleitenden Satz *mehrere* verschiedene zu entwerfen. Wenn Sie sich nicht darauf festlegen, dass dieser eine erste Satz möglichst perfekt werden soll, fällt Ihnen das Formulieren sofort leichter. Wenn es mehrere Anfänge gibt, sind alle zunächst vorläufig und können später bearbeitet und verbessert werden. Mitunter können Sie auch aus mehreren Satzentwürfen einen neuen Satz zusammenstellen. Dieses Vorgehen empfiehlt sich ebenso für den ersten Abschnitt Ihres Hauptteils und/oder Ihrer Einleitung.
Donald Murray behauptet sogar, dass man beim Schreiben Zeit spart, wen man *mehrere* Anfänge entwirft, weil man dann schon erkennt, in welche Richtung sich der Text entwickeln soll. So erspart man sich unnötige Umwege und Sack-

gassen (Donald M. Murray, amerik. Schriftsteller und Schreibforscher, 1924-2006; 30,119).

Auch kann das Spiel mit mehreren Varianten die eigenen Gedanken in Schwung bringen, indem wir versuchsweise *einem* Ansatz folgen und im Weiterschreiben erfahren, wohin uns diese Spur führt (Donald M. Murray, amerik. Schriftsteller und Schreibforscher, 1924-2006; 30,121).

 ÜBUNG

> Schreiben Sie vier mögliche Anfänge für Ihren Text, jeweils nur einen Satz. Suchen Sie dann den Anfang heraus, der Sie spontan zum Weiterschreiben motiviert, und erweitern Sie diesen Texteinstieg durch vier oder fünf Anschlusssätze.

Mitunter hilft auch die ausführliche Formulierung des Titels und Untertitels, sich über das geplante Arbeitsprojekt klarer zu werden:

 Ich schreibe kein einziges Wort eines Artikels, bevor ich nicht die Überschrift habe. Sie bestimmt die Perspektive. Sobald ich die Überschrift habe, weiß ich genau, wo ich hin will *(Nora Ephron, amerik. Drehbuchautorin, 1941 – 2012, 30,122, Übers. E.-K.).*

Eine große Hilfe beim Einstieg ins Schreiben sind auch Fertigteile, die zu Ihrem Thema passen und die Sie beliebig kombinieren können. Sammeln Sie bereits beim Lesen in einem Vokabelheft Formulierungen der Forschung, die Sie als Bausteine in Ihre Arbeit einbauen können: Wendungen zur Einführung des Themas, aber auch zusammenfassende Formulierungen für das Fazit, Überleitungen, Vorausdeutungen. Sie werden diese Bausteine selbstverständlich so umformulieren, dass Sie sich Ihrem speziellen Thema anpassen, aber eine Sammlung wiederkehrender Formulierungen können Sie in jedem Fall aus der Forschung gewinnen.

 TIPP

Lesen Sie *aktiv*! Sammeln Sie in einem Vokabelheft lauter brauchbare Formulierungen aus der Forschungsliteratur und benutzen Sie diese Wendungen demnächst in Ihren eigenen Texten.

5.2   Free Writing

Beginnen Sie Ihren Schreibtag immer mit einer kurzen Schreibübung. „Free Writing" nennt sich dieses Verfahren, das dem anglo-amerikanischen Creative Writing entstammt. Nehmen Sie sich jeden Tag fünf oder zehn Minuten Zeit, bevor Sie mit dem eigentlichen Schreibpensum beginnen. Notieren Sie auf einem leeren Blatt Papier alles, was Ihnen gerade durch den Kopf geht. Wichtig ist es dabei, zu schreiben „ohne den Stift abzusetzen" und ohne Selbstzensur „automatisch" alle Gedanken zu notieren. Legen Sie das Blatt danach beiseite, ohne es noch einmal anzusehen: Jetzt haben Sie den Kopf frei für die anstehende wissenschaftliche Arbeit und können loslegen.

Statt alle Gedanken unsortiert aufzuschreiben, können Sie auch gezielt über die eigene Schreibunlust schreiben: „Warum ich heute überhaupt keine Lust zum Schreiben habe." Wiederum wird die Schreibzeit auf ungefähr fünf Minuten begrenzt. Durch diese Übung überwinden Studierende schreibend leichter ihre Abneigung gegen das Schreiben. Zugleich stellt sich bei stark ausgeprägter Schreibunlust durch regelmäßiges Schreiben über die eigenen Widerstände nach und nach ein Bild her, das ziemlich genau zeigt, was uns die Lust am Schreiben nimmt. Kennen wir erst einmal die Ursachen, können wir unsere Arbeitsbedingungen gezielt überprüfen. Free Writing dient so dazu, die Gedanken und Hemmungen, die uns vom Schreiben ablenken oder am Schreiben hindern, abzulegen.

TIPP

Immer, wenn Ihnen das Schreiben besonders schwerfällt, schreiben Sie! Schreiben Sie spontan und ohne Zensur alles auf, was Sie am Schreiben hindert.

Sie können aber auch wie die französischen Surrealisten in der écriture automatique, dem intuitiven Schreiben ohne Kontrolle, erste vorläufige Entwürfe zu Ihrem Thema versuchen.

Dabei kommt es darauf an, Texte nicht vorschnell zu korrigieren, sondern erst einmal einfach nur Wörter, Sätze aufzuschreiben so, wie sie spontan durch unseren Kopf gehen. Bei regelmäßiger Übung wird so das Produzieren von Wörtern vom Korrigieren abgekoppelt. Schreibblockaden können sich lösen und die Wörter fließen gleichsam ungehemmt in den PC *(Peter Elbow, amerik. Schreibdidaktiker; 11,6, Übers. E.-K.).*

Wichtig für das Freewriting ist also vor allem, beim Schreiben keinen druckreifen Text produzieren zu wollen, sondern den Schwung des Schreibens zu nutzen:

Das Wichtigste beim automatischen Schreiben ist die Schubkraft, der Schwung, damit man mit der Kontrolle, mit dem Grübeln nicht dazwischenkommt (Das Karussell darf sozusagen zwischendurch nicht an der Kasse haltmachen) *(Gabriele Killert, dt. Publizistin; 35, 360).*

ÜBUNG

Schreiben Sie jetzt, unmittelbar nach der Lektüre dieses Abschnitts, Ihren ersten Free-Writing-Text zum
Aufwärmen!

5.3   Schnell schreiben

In seiner anregenden Wirkung ist das Schnellschreiben dem
Free Writing verwandt:

    Je schneller Sie schreiben, um so weniger kontrollieren
Sie sich und es kommt etwas aufs Papier. […] Es geht
nicht darum, über das Schreiben nachzudenken, sondern zu schreiben. […] Lassen Sie es fließen. Schreiben
Sie so schnell, dass der Zensor nicht folgen kann. Denken Sie immer daran, der Duden ist jetzt reine Schund-
literatur. Je mehr Angst Sie vor dem Schnellschreiben
haben, umso schneller sollten Sie schreiben. Schnell-
Schreiben schafft Ihnen gedankliche Zusammenhänge,
auf die Sie beim ruhigen Grübeln nie und nimmer gekommen wären *(Lutz v. Werder, dt. Schreibdidaktiker,
geb. 1939; 46,67).*

Schreiben Sie als Lockerungsübung zu dem Thema Ihrer Arbeit
oder Ihres jeweiligen Kapitels zunächst ohne Unterstützung
durch Fachliteratur einen kurzen Entwurf unter Zeitdruck.
Nehmen Sie sich beispielsweise 20 Minuten Zeit, um in einem
lockeren Text vorläufige Ideen für ein Kapitel zu skizzieren.
Nutzen Sie diesen Textentwurf anschließend als Ideenreser-
voir: Unterstreichen Sie alle Ideen, die Ihnen für Ihr Kapitel
brauchbar erscheinen und entwickeln Sie anhand dieser Ideen

den roten Faden Ihrer Argumentation. Der Zeitdruck entlastet Sie von jeglichem Perfektionismus: In 20 Minuten kann nicht mehr als ein vorläufiger Rohentwurf entstehen, der aber die Grundlage für Ihre weitere Textarbeit bildet.

Schnellschreiben, so betont Donald Murray, ist wie Fahrradfahren:

 Den ersten Entwurf muss man ganz schnell schreiben, so wie man beim Fahrradfahren erst beim schnellen Treten das Gleichgewicht findet *(Donald M. Murray, amerik. Schriftsteller und Schreibforscher, 1924-2006; 30,141).*

Dass schnelles Schreiben aber auch das Vertrauen in die eigenen Gedanken stärkt, betont Erich Fried:

 Ich glaube, dass im schnellen Schreiben und erst nachher gewissenhaft Korrigieren eine Art Respekt und Vertrauen gegenüber seinem ursprünglichen Einfall steckt und dass es sehr gut ist, weil dann die Einfälle nicht so leicht austrocknen wie bei einem Menschen, der seinen eigenen Einfällen gegenüber respektlos ist *(Erich Fried, dt. Schriftsteller, 1921-1988; 8,69).*

5.4   Vom Sprechen zum Schreiben

Wie wichtig Sprechen und Erzählen für das Schreiben sind, betont der türkische Schriftsteller Yazir Kemal im Interview:

Noch heute erzähle ich die Handlung meiner Romane sehr gerne zuerst meiner Frau und meinen Freunden. […] Deshalb betrachte ich mich immer noch – im wörtlichen Sinne – eher als Erzähler denn als Schriftsteller *(Yasir Kemal, türk. Schriftsteller, geb.1923; 35,464).*

Stellen Sie sich bei der allerersten Rohfassung Ihres Textes vor, Sie würden den Inhalt einem Zuhörer erklären. Denken Sie dabei an einen ganz konkreten Zuhörer, der sich für Ihr Thema interessiert und Ihnen wohlwollend zuhört. Ihren umgangssprachlichen Text können Sie später überarbeiten.

Sie können Ihr Schreiben auch vorbereiten, indem Sie eine Liste von Stichwörtern zusammenstellen, anhand derer Sie Ihr Schreibvorhaben einem Zuhörer erklären. Sobald Ihr Zuhörer versteht, worum es geht, ist Ihnen ein erster vorläufiger Textentwurf gelungen, den Sie anschließend sofort schriftlich festhalten sollten. Auf diese Weise können Sie auch kleinere Schreibschritte planen, indem Sie für ein Kapitel oder einen Teil eines Kapitels zunächst eine Stichwortliste anlegen, an der Sie entlang erzählen.

 TIPP

Wenn es Ihnen schwerfällt, Ihr Arbeitsprojekt einem konkreten Zuhörer zu erläutern, erklären Sie Ihr Vorhaben ruhig erst einmal dem Baum vor Ihrem Fenster. Wichtig ist bei dieser Übung zunächst nur, dass Sie sich dazu aufraffen, Ihre Schreibpläne in Worte zu fassen und – laut – darüber zu sprechen.

Bei hartnäckigen Schreibblockaden hilft ein etwas aufwändigeres, aber sehr wirksames Rezept:

Wenn ich merke, dass ich blockiert bin, spüre, dass meine momentane Sprachlosigkeit über den Umweg des Schreibens nicht zu überwinden ist, suche ich mir einen aufmerksamen Zuhörer, schalte ein Tonband ein und fange an zu erzählen *(Günter Wallraff, dt. Schriftsteller, geb.1942; 35,472).*

Erklären Sie also einem interessierten Zuhörer Ihr Thema, Ihre Thesen und Belege und nehmen Sie dabei alles auf einen Tonträger auf. Tippen Sie anschließend Ihren Text ab. Jetzt haben Sie einen Rohtext zur Verfügung, an dem Sie weiterarbeiten können. Jeder geschriebene Text, auch der unvollkommenste, ist besser als gar keiner! Denn sobald Sie einen Text niedergeschrieben haben, haben Sie eine Basis, die Sie ergänzen, bearbeiten und verändern können. Probieren Sie diese Arbeitsweise zunächst an kurzen Textstücken von drei oder vier Seiten aus. Mitunter genügen wenige Seiten als Einstieg, um danach unverkrampfter weiterschreiben zu können.

 ÜBUNG

Rufen Sie einen Freund/eine Freundin an und erzählen Sie ihm/ihr, welchen Abschnitt mit welchen Gedanken Sie als nächstes in Angriff nehmen wollen. Schreiben Sie anschließend sofort Ihren ersten Rohtext!

Sie können sich Ihren Text auch zunächst selber laut vorsprechen. Allerdings ist Schreiben in jedem Fall mehr als die bloße Übersetzung des Gesprochenen in Schriftsprache. Sobald man das Gesprochene niederschreibt, merkt man die Sprünge, Lücken, Widersprüche, die dann in einem nächsten Schritt bearbeitet werden müssen. Oftmals nimmt man diese erste Überarbeitung bereits spontan beim Abtippen vor, so dass schon ein leicht veränderter Text entsteht. Die Abschrift eines gesprochenen Textes ist also immer nur die Basis, von der aus die weitere Textarbeit in Angriff genommen werden kann.

Sie können auch einmal rasch vom Lesen zum Schreiben wechseln: Lesen Sie unmittelbar vor Ihrem nächsten Schreibbeginn einen gut geschriebenen wissenschaftlichen Text:

 Tanken Sie Sprache, bevor Sie schreiben: Genießen Sie eine Seite ansteckender Literatur *(Daniel Perrin, Schweizer Schreibforscher, geb. 1961; 36,33).*

Lassen Sie sich inspirieren! Machen Sie die Erfahrung, dass das Lesen flüssig geschriebener Texte ansteckend wirkt!

5.5   Schreiben für Leser

Nicht zu wissen, für wen man eigentlich schreibt, kann lähmend sein. Wer dabei an die Prüfer und deren Wissensvorsprung und vielleicht auch noch an ihren kritischen Blick beim Lesen der Arbeit denkt, kann leicht den Mut verlieren. Der Philosoph Nida-Rümelin stellt sich beim Formulieren vor

 zu einer Person zu sprechen, die sich für das Thema interessiert. Ich versuche, ihr meine Überlegungen klar zu machen *(Julian Nida-Rümelin, dt. Philosoph, geb. 1954; 26,46).*

Sie können sich beim Schreiben z.B. einen Mitstudenten vorstellen, der dasselbe Fach studiert, aber nicht in das Spezialgebiet eingearbeitet ist, über das Sie selber gerade schreiben wollen. Welche Fragen könnte dieser Leser stellen? Welches

Vorwissen hat er? Wenn es darum geht zu entscheiden, wie viele Informationen wir in unsere Arbeit aufnehmen, welche Erklärungen wir einfügen und wie weit wir in diesen Erklärungen ausholen müssen, ist diese Vorstellung eines studentischen Fachlesers hilfreich.

Überlegen Sie auch, was Ihren Leser an Ihrem Thema interessieren könnte. Für einen wissbegierigen Leser zu schreiben, motiviert und macht Spaß. Sich beim Schreiben einen konkreten Leser vorzustellen, optimiert Ihr Schreiben auch deshalb, weil Sie bei jedem Schritt überprüfen können, ob Ihr Leser Ihnen folgen kann. Deshalb: Treten Sie möglichst oft während des Schreibens in Dialog mit Ihrem vorgestellten Leser!

 ÜBUNG

Schreiben Sie als Lockerungsübung einmal ein „Portrait meines Lesers". Fragen Sie sich, welche Kenntnisse Ihr Leser hat, was Sie ihm erklären müssen. Überlegen Sie auch, was Ihren Leser an Ihrer Arbeit interessieren könnte, welche Fragen er stellen würde.

Statt eines vorgestellten Lesers können Sie sich natürlich auch an einen realen Leser wenden und Ihren Text an ihm „testen".

Um Ihre Gedanken zu fokussieren, können Sie einmal den „Überfall-Test" machen:

Erzählen Sie Ihre Geschichte einer Kollegin, die einen Bus zu erreichen sucht, der gleich abfährt. [...] Überfallen Sie damit jemanden, der Ihnen eigentlich gar nicht zuhören will, der kaum Zeit hat für Sie, der im Kopf ganz woanders ist. [...] Schon die Vorstellung, jemanden mit dem eigenen Thema wörtlich fesseln zu müssen, setzt Sie unter Druck. [...] Sie [...] bringen den Text beim Reden so klar auf den Punkt, wie es Ihnen in einsamem Brüten nie gelungen wäre *(Daniel Perrin, Schweizer Schreibforscher, geb.1961; 36,51).*

5.6   Schreibdenken

Aber wie lässt sich das Schreiben locken? Sarah Kirsch entwickelt ihr Schreiben durch das Schreiben selber:

 Es gibt ja Leute, bei denen ist das schon im Kopf ausformuliert, und sie können es dann fast fertig hinschreiben. Für mich ist aber der Vorgang des Schreibens ganz wichtig. Ich habe die Einfälle erst beim Schreiben, und auch die Wörter entstehen erst dann ... Als ob ich dadurch etwas auslöse, und dann kann es erst passieren *(Sarah Kirsch, dt. Schriftstellerin, 1935-2013; 19,24).*

Diese Erfahrung des Schreibdenkens findet sich bei vielen Schreibenden dokumentiert. Allein der Versuch, in anspruchsloser Sprache, ohne Beachtung der Grammatik, der Rechtschreibung oder des eleganten Stils draufloszuschreiben, lockert den Schreibkrampf und führt zu einem ersten Textentwurf, mit allen Mängeln und Lücken, die so ein Rohentwurf haben darf.

Viele Schreibende glauben allerdings, dass sie erst mit dem Schreiben anfangen können, wenn sie genau wissen, was sie schreiben wollen. Das ist sicherlich der schnellste Weg, aber nicht der einzig mögliche Ebenso können Sie an einem groben Orientierungsplan entlang schreiben: Sie wissen, welcher Punkt als erster ansteht, und beginnen, sich in Ihren Text hineinzuschreiben. Sie formulieren Ihre Absicht, dann den ersten Aspekt, nach und nach die Argumente, die Beweise, die Textbefunde, die Datenauswertung. Ihre Gedanken können sich so beim Schreiben ordnen und Formulierungen tauchen spontan im Schreibprozess auf. Die Niederschrift unserer Gedanken ermöglicht es uns zuallererst, unser Schreibprojekt aus einer neuen kritischen Perspektive zu betrachten.

Zunächst kommt es beim Schreiben also darauf an, überhaupt erst einmal einen Text zu produzieren und diesen Entwurf dann durch eigene Arbeitsaufträge umzuformen und auszubauen.

Sten Nadolny umschreibt diesen Prozess in einem Bild:

 Man kann nicht schon vor der Reise, man muss auf ihr zu demjenigen werden, der sie vollenden kann. Learning by doing, oder noch simpler writing by writing *(Sten Nadolny, dt. Schriftsteller, geb. 1942; 19,76).*

5.7   Schreiben in Bewegung

Neurowissenschaftliche Studien der letzten Jahre zur so genannten Embodied Cognition weisen auf die wichtige Verbindung von Denken und Bewegung hin:

Wenn uns bei kniffligen Aufgaben die Lösung nicht
einfällt, sollten wir uns bewegen. Vielleicht finden wir
zufällig eine Haltung, die zum Problem passt. [...] Kom-
plexes Denken ist abhängig von der Bewegung *(Klaus
Wilhelm, dt. Publizist; 47,76).*

Embodied Cognition untersucht den Zusammenhang zwischen Vorgängen im Gehirn und Körperprozessen. Sie weist
nach, dass und wie Bewegung unser Denken in Schwung
bringt. Wenn Sie also auf neue Ideen kommen wollen, Lösun-
gen suchen oder mit Formulierungen ringen, sollten Sie sich
möglichst locker bewegen und verschiedene Haltungen und
Gesten ausprobieren. Im Übrigen hat bereits Friedrich Nietz-
sche postuliert, dass jeder Gedanke, der nicht beim Gehen
gedacht worden ist, zu verwerfen sei.
Mittlerweile weiß man auch, dass sowohl Emotionen als auch
abstraktes Denken Hirnareale aktivieren, die eigentlich für
Motorik und Sinneswahrnehmung zuständig sind. Deshalb
finden wir, wenn wir z.B. eine Geste ausführen, die das Ge-
meinte andeutet, leichter die passende Formulierung. Vielleicht praktizieren Sie dies ja schon instinktiv und gestikulie-
ren, während Sie nach einem Wort oder einer Formulierung
suchen. Wenn Sie bisher noch nicht mit Bewegung oder Gesten gearbeitet haben, probieren Sie es aus. Gesten sind vor
dem Wort verfügbar, sie können deshalb als Türöffner dienen.
Bewegungen helfen Ihnen, Ihre Gedanken zu fokussieren,
Gesten fördern die sprachliche Umsetzung Ihrer Ideen.
Manchmal hilft Bewegung auch dabei, den Schreibfluss wieder in Gang zu bringen:

 Zwischen zwei Sätzen gehe ich gerne, ich stehe auf und
gehe auf und ab, um den Rhythmus wieder zu kriegen
(Michael Krüger, dt. Schriftsteller, geb.1943; 19,85).

Von Goethe ist überliefert, dass er nicht nur ununterbrochen im Raum herumwanderte, während er seine Werke diktierte, sondern dabei auch eine bestimmte Körperhaltung empfahl:

 Selbst immer in gerader Haltung und die Hände auf dem Rücken, ersuchte Goethe auch seine Bekannten, diese seiner Meinung nach heilsame Stellung anzunehmen. Ihr werdet m r, äußerte er, noch im Grabe dafür dankbar sein (*Johann Wolfgang Goethe, dt. Dichter, 1749-1832; 25,87*).

Dass Gedanken auch an Orte gebunden sein können, erfahren wir, wenn uns ein brauchbarer Einfall, den wir etwa in der Mensa oder unter der Dusche hatten, plötzlich entfallen ist. Sobald wir den „Ort des Gedankens" wieder aufsuchen, stellt sich meist auch der Gedanke wieder ein.
Ähnlich berichtet Josef Haslinger vom Verlieren und Wiederfinden bestimmter Formulierungen im Schreibprozess:

 Wenn ich schreibe, kann es passieren, dass ich aufspringe und im Raum herumlaufe. Ich geh viel dabei. Und es kommt vor, dass ich während dieser Spaziergänge durchs Arbeitszimmer manches formuliere, das ich, wenn ich zurück an den Schreibtisch komme, auch schon wieder vergessen habe, weil ich zu stark weiterformuliert habe. Also muss ich den Rest wieder suchen gehen. Das ist komisch, als verbündeten sich bestimmte Positionen im Raum mit bestimmten Gedanken, die man dort gehabt hat, so dass es eine Chance gibt, sie an exakt jener Stelle wieder zu finden, wo man sie gefasst hat (*Josef Haslinger, österr. Schriftsteller, geb.1955; 19,123-124*).

Die Verbindung von Gedanken und Orten ist uns bereits aus der antiken Loci-Technik bekannt, einer Mnemotechnik, die zur Stärkung der Erinnerung eingesetzt wird. Wir können sie nutzen, um Einfälle oder bestimmte Formulierungen wiederzufinden.

5.8   Das nicht mehr ganz so leere Blatt

Schriftsteller verschiedener Zeiten und Schreibsozialisation berichten, dass sie ihr Schreiben locken, indem sie bereits irgendwie beschriebene Blätter benutzen, um der Angst vor dem weißen Blatt zu begegnen. So hat Hermann Hesse für die erste Niederschrift zahlreicher Werke Blätter mit bedruckter Rückseite gewählt: Kalenderblätter, Verlegerbriefe, Postwurfsendungen, Druckfahnen und andere Druckerzeugnisse.

 Von Hesse sind Vorentwürfe oder Skizzen nicht überliefert. Sein Werk entsteht, nach längerer Vorbereitung, in einer Niederschrift, die wenige Sofortkorrekturen enthält. Das „benutzte" Blatt in seiner Vorläufigkeit macht den Schreibenden sicher *(Hermann Hesse, dt. Schriftsteller, 1877-1962; 23,27)*.

Ludwig Harig verstärkt diese Vorläufigkeit noch dadurch, dass er auf einzelnen benutzten Blättern und Zetteln ohne feste Reihenfolge Ideen und Formulierungen notiert. Sobald die Zettel beschriftet sind, baut er sie zu einer Textcollage zusammen. Diese auf DIN-A-4 aufgeklebten Zettel lassen den Schreibbeginn leichter erscheinen, denn ein weißes Blatt, das mich hätte blenden und erschrecken können, hat es nicht gegeben, keine Schreiblähmung hemmt mich, weder Einfallslosigkeit noch Unentschlossenheit halten mich auf *(Ludwig Harig, dt. Schriftsteller, geb.1927; 23,8)*.

Wenn Sie Ihre Entwürfe auf Papier schreiben, können Sie ausprobieren, ob die Technik des nicht mehr ganz so leeren Blattes Ihnen hilft. Am PC müssen Sie ein bisschen tricksen: Fangen Sie die erste Seite mit ein paar ungeordneten Gedanken an: Sätze über das Wetter, Redensarten, Gedichtzeilen, wenn Sie Lyrik mögen, oder irgendwelche aktuellen kurzen Statements. Dieter Wellershoff überlistet sich selber, indem er zu Beginn des Textes erst einmal feststellt, dass ihm das Anfangen schwer fällt:

 Anfangen. Wie anfangen? Ich habe diese Worte hingeschrieben, um mich zu überlisten. Denn auch sie stellen schon einen Anfang dar, brechen jedenfalls optisch den Bann des noch unbeschriebenen weißen Papiers *(Dieter Wellershoff, dt. Schriftsteller, geb.1925; 45,228)*.

TIPP

Beginnen Sie Ihren Text einmal mit ein paar *schriftlichen* Überlegungen zu Ihrem Schreibbeginn. Gehen Sie erst danach zu Ihrer eigentlichen Schreibaufgabe über. Sie werden sehen, dass Sie auf diese Weise leichter in den Schreibprozess hineinfinden.

Sie können sich auch wie Johannes Bobrowski im Selbstgespräch ins Schreiben hineinschreiben. So lesen wir im Typoskript des Romans *Levins Mühle*:

Es ist vielleicht falsch, wenn ich jetzt erzähle, wie mein
Großvater die Mühle weggeschwemmt hat, aber vielleicht ist es auch nicht falsch. [...] Man muss anfangen,
und man weiß natürlich, womit man anfängt, das weiß
man schon, und mehr eigentlich nicht, nur der erste
Satz, der ist noch zweifelhaft. [...] Also den ersten Satz.
Die [...] Drewenz ist ein [...] Nebenfluss in Polen. Das
ist der erste Satz *(Johannes Bobrowski, dt. Schriftsteller,
1917-1965; 23,94).*

Es geht wirklich nur darum, irgendetwas zu schreiben, damit
die Seite schon ein bisschen beschriftet ist. Diesen Trick können Sie auch immer dann einsetzen, wenn Sie nach einer
Schreibpause wieder ins Schreiben hineinfinden wollen.

5.9   Puzzleschreiben

Beginnen Sie Ihre Arbeit möglichst nicht am Anfang! Die Einleitung ist nämlich der schwierigste Teil Ihrer Studie, weil sie
so viele unterschiedliche Anforderungen stellt:

   Beginne nicht mit dem Anfang, sondern mit dem, „was
sich schon schreiben lässt *(Wolfgang Fritz Haug, dt.
Philosoph; geb.1936; 32,73).*

Fangen Sie am besten mit dem Hauptteil an, möglichst mit
dem ersten Punkt des Hauptteils, und rollen Sie von hier aus
die Argumentation auf. Fällt Ihnen dieser Anfang aber besonders schwer, können Sie ruhig auch mittendrin einsetzen.
Stellen Sie fest, welchen Abschnitt oder welches Kapitel Sie
bereits am besten überblicken und beginnen Sie dort. Wichtig
ist es, überhaupt erst einmal ins Schreiben zu kommen und

ermutigende Schreiberfahrungen zu machen. Die Einzelteile lassen sich später wie ein Puzzle zusammensetzen.
Als systematischer Puzzleschreiber tritt uns Niklas Luhmann in dem folgenden Interview entgegen:

 Luhmann: Ich muss Ihnen sagen, dass ich nie etwas erzwinge, ich tue immer nur das, was mir leicht fällt. Ich schreibe nur dann, wenn ich sofort weiß, wie es geht. Wenn ich einen Moment stocke, lege ich die Sache beiseite und mache etwas anderes.
Interviewer: Was machen Sie dann?
Luhmann: Na, andere Bücher schreiben. Ich arbeite immer gleichzeitig an mehreren verschiedenen Texten. Mit dieser Methode, immer an mehreren Dingen zu arbeiten, habe ich nie Blockierungen *(Niklas Luhmann, dt. Soziologe, 1927-1968; 22,145-146).*

Wahrscheinlich schreiben Sie eher nicht an mehreren Arbeiten gleichzeitig – oder doch? Aber in jedem Fall hat Ihre Arbeit mehrere Kapitel und Aspekte. Sie können also ausprobieren, ob es Ihnen hilft, bei einer vorübergehenden Blockade einfach an einer anderen Stelle anzusetzen.

 Wenn ich merke, dass ich mich festgefahren habe, überspringe ich diesen schwierigen Teil und mache erst einmal weiter und kriege ihn ein andermal zu packen, wenn ich unbelastet bin *(Henry Miller, amerik. Schriftsteller, 1891-1980; 5,129).*

Schreiben Sie also ruhig hin und wieder an einem anderen Kapitel weiter oder skizzieren Sie nur den möglichen Fortgang eines anderen Kapitels. Kehren Sie dann erst später, vielleicht erst am nächsten Tag, zu Ihrer vorigen Schreibaufgabe zurück.

Wahrscheinlich ist zwischenzeitlich der Knoten geplatzt. Auf diese Weise entstehen vorläufige Textfragmente, die Sie später wie in einem Puzzle zusammenfügen können. Sie müssen dann nur in der Endredaktion die Übergänge zwischen den Passagen sorgfältig überprüfen oder sie vielleicht sogar dann erst formulieren.

Durch das spielerische Zusammenstellen unterschiedlicher Gedankensplitter und Textfragmente wird mitunter auch die innere Ordnung, das Gerüst des Textes, klarer (vgl. hierzu auch Kap. 3.5.1).

5.10 In einer anderen Textform schreiben

Schreiben Sie hin und wieder einmal einen bewusst anspruchslosen Text zum Ihrem Arbeitsprojekt: einen Tagebucheintrag zum Thema oder einen Brief, in dem Sie Ihr Forschungsvorhaben einem konkreten Adressaten erklären. Gudrun Schiek charakterisiert in einem fiktiven Brief an ihren studierenden Patensohn die Briefform als Befreiung von Regelzwängen:

 Weißt du, warum ich die Gattung Brief für meinen Beitrag wähle? Nicht nur, weil der Brief eine sehr persönliche Mitteilung ist, sondern ebenfalls, weil er das „wissenschaftliche Schreiben" sprengt, aufraut, aufweicht, unterläuft, sabotiert, in gewisser Weise ad absurdum führt. Hier bin ich befreit von Fliegenbeinzählen, Zitieren, Belegen [...]; mithin: der Spaß am Schreiben kann durchschlagen. Das bedeutet jedoch weder Willkür noch Beliebigkeit. Logik bleibt erhalten und ist sozusagen als Geländer der Gedankengänge bedeutsam *(Gudrun Schiek, dt. Erziehungswissenschaftlerin, geb. 1934; 32,129).*

Auch „Augenblickstexte" können so entstehen: kurze Passagen zum Stand der Arbeit, zu neuen Einsichten und offenen Fragen. Begleiten Sie auch Ihre Forschungslektüre immer mit eigenen Fragen, die während des Lesens auftauchen: Notieren Sie diese Fragen in ganzen Sätzen. Wenn Sie während des Lesens begleitend schreiben, bleiben Sie in der Schreibroutine und entwickeln zugleich ein Raster, um den Text aufzuschlüsseln und kritisch zu hinterfragen. So lösen sich „Schreibkrämpfe" spielerisch und Sie gewinnen gleichzeitig immer wieder die nötige Distanz zu Ihrem Text. Diese Lockerungsübungen entlasten Sie vorübergehend auch von dem Anspruch, wissenschaftlich zu schreiben, und machen Ihnen zugleich deutlich, wie weit Sie Ihr Thema inhaltlich schon im Griff haben.

 ÜBUNG

Schreiben Sie einen Tagebucheintrag zum Stand Ihrer Arbeit. Notieren Sie, was gut läuft, aber auch, wo Sie Schwierigkeiten sehen. Anschließend suchen Sie sich aus diesem Buch genau den Tipp aus, der Ihr Problem lösen könnte.

Manchmal kann es auch entlastend sein, parallel zum Rohentwurf ein neues Dokument zu öffnen und dort erst einmal in der Alltagssprache möglichst anspruchslos den darzustellenden Inhalt aufzuschreiben. Diesen Text können Sie später überarbeiten und dann in Ihren Rohtext hineinkopieren.

5.11 Schreibwerkzeug wechseln

Probieren Sie einmal Thomas Brussigs Anregung aus, gelegentlich das Schreibmedium zu wechseln:

Auf die Frage „Und womit schreiben Sie?" antwortet er:

🔊 Mit Bleistift und mit dem Computer. Bleistift nehme ich, wenn ich einen Roman schreibe. Damit arbeite ich so lange, bis der Stil sitzt und ich vorwärtsschreiben kann. Dann kann ich auch am Computer weitermachen *(Thomas Brussig, dt. Schriftsteller, geb.1964; 19,97).*

Schriftsteller gehen, wie wir wissen, sehr unterschiedlich mit ihren Schreibgeräten um. So erklärt Elfriede Jelinek:

🔊 Ich schreibe wahnsinnig schnell, weil ich Musikerin bin und schreibe, so schnell ich denken kann. Ich denke allerdings nicht sehr schnell. Inzwischen schreibe ich gleich in den Computer, weil das der Übermittlung zwischen den Gedanken und der Notation den geringst möglichen Widerstand entgegensetzt *(Elfriede Jelinek, österr. Schriftstellerin, geb.1946; 19,64).*

Aktuell stellt sich wissenschaftlich Arbeitenden zwar nicht mehr ernsthaft die Frage nach den Vor- und Nachteilen des Schreibens am Computer. Zu deutlich sind die Vorteile der Zeitersparnis, der Übersichtlichkeit, der Korrekturmöglichkeiten, der Kombination von Textstücken. Dennoch sollten Sie hin und wieder kleinere Texte mit der Hand schreiben: Ideen lassen sich mitunter leichter in selbst gekritzelten Mindmaps entwickeln. Auch die ersten Sätze eines längeren Textes kann man hin und wieder einmal mit der Hand schreiben, um sich durch diesen Wechsel des Schreibwerkzeugs vorübergehend von der belastenden Schreibroutine am Computer zu befreien. Danach geht es meistens auch am Computer wieder flüssiger weiter.

 **TIPP**

> Schreiben Sie einmal die erste Seite Ihrer Arbeit mit der Hand und arbeiten Sie erst dann, wenn Sie einigermaßen im Schreibfluss sind, am Computer weiter.

Nicht alle Schreibenden werden diesen Medienwechsel als hilfreich erleben, aber einige werden so ihre anfängliche Blockade überwinden. Auf die Vorteile des lockeren Schreibens am Computer macht Ingo Schulze aufmerksam:

> Die Schnelligkeit an sich ist es gar nicht. […] Aber das hat immer etwas Vorläufiges. Ich gehe völlig unbefangen ran und rattere einfach etwas rein. Man hat immer die Chance, damit etwas zu machen. Man kann Textstellen ausschneiden, umstellen, kopieren *(Ingo Schulze, dt. Schriftsteller, geb.1962; 19,154).*

Andere Schriftsteller dagegen betonen, wie wichtig ihnen die Motorik beim Schreiben ist. Allein die Bewegung der Hand auf dem Papier lasse die Gedanken fließen:

> Ich kann mich nicht an die Schreibmaschine setzen, ich kann nicht aufs Tonband sprechen, sondern ich bedarf der manuellen Tätigkeit des Schreibens. Ich muss sehen, wie der Gedanke im Buchstaben, im Wort, im Satz entsteht, sich formt und fest wird *(Bruno Apitz, dt. Schriftsteller, 1900-1979; 42,148).*

Finden Sie selber heraus, ob das Schreiben am Bildschirm Sie eher entlastet, weil Sie sich gut auf experimentierendes Schreiben einlassen können, oder ob es Sie eher hemmt, weil der Text am Bildschirm Sie zur Perfektion zu zwingen scheint.

Probieren Sie auf jeden Fall hin und wieder aus, wie ein Wechsel des Schreibmediums Ihr Schreiben verändert.

Beobachten Sie auch, ob Sie Ihre Kreativität steigern können, indem Sie z.B. für Ihre Ideenskizzen ein Papier verwenden, das Ihnen gefällt, oder einen Stift, mit dem es sich flüssig schreibt. Probieren Sie einmal, unterschiedliches Schreibmaterial für unterschiedliche Schreibziele einzusetzen: für die Ideenfindung ein farbiges Papier, für die Struktur eine Skizze, die Sie an die Wand heften und leicht verändern können, für die Rohfassung eher Ihren Computer.

Donald Murray betont, wie hilfreich es bei Schreibblockaden ist, das Schreibwerkzeug möglichst oft zu wechseln:

 Schreiben Sie mal mit der Hand, mal auf dem Computer, wechseln Sie von Kugelschreiber zu Bleistift, von liniertem Papier zu unliniertem, probieren Sie weißes und buntes Papier aus. Das Spiel mit den Schreibwerkzeugen bringt Ihr Schreiben in Gang *(Donald M. Murray, amerik. Schriftsteller und Schreibforscher, 1924-2006; 29,188).*

5.12 Medienwechsel

Skizzieren Sie in einem ersten Entwurf Ihr Arbeitsvorhaben einmal als Bild, dessen einzelne Komponenten die wichtigsten Aussagen Ihrer Arbeit wiedergeben. So können Sie sich bereits vor dem Schreiben den logischen Zusammenhang der gesamten Arbeit klarmachen zu einer Zeit, zu der Ihr Gehirn sich ausschließlich auf die Planungsarbeit konzentrieren kann und nicht gleichzeitig mit Formulierungsanforderungen beschäftigt ist. Mit diesem Medienwechsel: Zeichnen statt Schreiben, fokussieren Sie Ihren Blick zugleich viel präziser auf die zentralen Themen Ihrer Untersuchung als mit Worten.

Der Schriftsteller Günter Grass betont, wie hilfreich Zeichnen und Skizzieren für den Schreibprozess sein können:

 Gerade bei den Gedichten wird deutlich, dass […] auch der zeichnerische Prozess mitspielt, dass oft am Anfang eines Gedichts die Zeichnung steht und sich aus der Zeichnung der erste Wortansatz ergibt *(Günther Grass, dt. Schriftsteller, geb.1927; 2,87).*

Zeichnen statt schreiben, skizzieren statt formulieren kann schon früh im Arbeitsprozess Zusammenhänge sichtbar werden lassen. Techniken wie Mindmapping, Clustering, freies Kritzelbild und farbiges Poster helfen uns, einen ersten Überblick über unser Schreibprojekt zu gewinnen.

Auch Wissenschaftler entwerfen ihre Arbeitsprojekte oftmals zunächst als grafische Skizzen, die sie anschließend mit Worten beschreiben. Wir kennen diese Technik aus den Arbeitsjournalen von Sigmund Freud, Gregor Mendel oder Albert Einstein. In der folgenden Abbildung sehen Sie eine aktuelle Wissensskizze aus der Biologie. Die ZEIT bat sechs Nobelpreisträger, die Erkenntnisse, für die sie den Nobelpreis bekommen hatten, in einer Skizze bildlich darzustellen. Eine dieser Skizzen, von Christiane Nüsslein-Volhard, illustriert die Entwicklung der Fruchtfliege.

Abb. 12: Christiane Nüsslein-Volhard: Wenn kleine Fliegen groß werden. Nobelpreis für Physiologie oder Medizin 1995.

TIPP

Versuchen Sie, die Ergebnisse Ihrer Untersuchungen als Skizze darzustellen. Verwenden Sie Pfeile, um Zusammenhänge zu markieren, unterschiedliche Farben, um Ähnlichkeiten zu verdeutlichen, Kreise und Kästen, um Kategorien zu bilden. Erklären Sie diese Skizze anschließend einem interessierten Zuhörer.

Wenn Sie Ihre Argumentation an der Zeichnung entlang entwickeln und dabei Ihren Zuhörer als Adressaten im Blick behalten, wird es Ihnen leichter fallen, einen überzeugenden, klar strukturierten Text zu schreiben.

5.13 Mut zum Müll!

Der Schriftsteller Norbert Scheuer berichtet von seinem erfolgreichen ersten Schreiben ohne Kontrolle:

Ich schreibe zunächst mindestens das Doppelte von dem, was nachher da steht. Ich kontrolliere mich nicht beim ersten Schreiben. Da schreibe ich in einem fort und gehe davon aus, dass es schon einen Sinn hat, dass ich ein halbes Jahr lang jeden Morgen früh aufstehe *(Norbert Scheuer, dt. Schriftsteller, geb.1951; 33,04).*

Gerade Schreiben ohne übermäßige Kontrolle fällt vielen Schreibenden schwer, fördert jedoch den Textfluss und liefert in jedem Fall brauchbares Material, das Sie später prüfen, überarbeiten und sichten können.
Verlangen Sie nicht von sich, auf Anhieb druckreif zu formulieren. Nur wenn Sie hier und jetzt Ihr schlechtes Schreiben akzeptieren, geben Sie Ihrer Entwicklung eine Chance. Mut

zum „Müll"! Mit dieser Devise kommt Ihr Schreiben fast mühelos in Gang. Geben Sie sich die Erlaubnis, Vorläufiges, Unvollständiges, Fehlerhaftes zu produzieren.

Die Nobelpreisträgerin Tony Morrison erklärt, wie wichtig es ist, auch dann weiter zu schreiben, wenn man mit dem Geschriebenen nicht zufrieden ist. Schlecht zu schreiben bedeutet nämlich nichts anderes als einen Text zu produzieren, den man immer und immer wieder überarbeiten und verbessern kann (Tony Morrison, amerik. Schriftstellerin, geb.1931; 30,75).

Die erste Fassung Ihrer Arbeit, die Rohfassung, ist also nicht mehr als eine Arbeitsgrundlage. Später werden Sie Ihre Texte in mehreren Arbeitsschritten optimieren. Dafür brauchen Sie aber unbedingt eine vorläufige Textgrundlage, an der Sie weiterarbeiten können.

„Üben, üben, üben" heißt das Zauberwort, das Sie nach und nach zu Ihrem eigenen Schreibcoach werden lässt:

 Schreiben ist wie Laufen – je öfter Sie es tun, umso besser werden Sie. An manchen Tagen haben Sie keine Lust und müssen sich zu jedem Meter Ihrer festgesetzten Strecke zwingen, trotzdem laufen Sie. Sie trainieren, ob Sie wollen oder nicht. Sie warten nicht auf die Inspiration oder die Lust zu laufen.[…] Wenn Sie dagegen regelmäßig laufen, trainieren Sie Ihren Geist darauf, Ihren inneren Widerstand zu durchbrechen. Sie tun es einfach *(Natalie Goldberg, amerik. Schriftstellerin, geb.1948, 15,25).*

Nutzen Sie Ihre Hausarbeiten als Übungsfeld, um das Schreiben möglichst früh im Studium zu trainieren. Die Abschlussarbeit wird Ihnen dann viel leichter fallen, wenn Sie schon zahlreiche Gelegenheiten zum Schreiben genutzt und hinreichend Erfahrungen gesammelt haben.

6. Im Schreiben bleiben

6. Im Schreiben bleiben

Manchen Schreibenden fällt es nicht besonders schwer, ins Schreiben zu kommen, aber oft erschöpft sich ihr Elan schnell. Nach ein oder zwei Seiten lässt die Konzentration nach, sie sind abgelenkt und finden nur mühsam ins Schreiben zurück. Auch nach einer Schreibpause fällt es oft schwer, wieder in den Schreibfluss zu kommen.
Einen Trick, um nach einer Unterbrechung wieder flüssig ins Schreiben zu kommen, verrät uns Johannes Mario Simmel:

Ich höre am Abend nicht nur mitten in einer Szene auf, von der ich weiß, wie sie weitergeht, und auch nicht in einem Absatz, sondern mitten in einem Wort. Dann gehe ich in der Früh an meinen Schreibtisch und schreibe das Wort zu Ende und dann den Satz ... und auf diese Weise gelingt es mir immer wieder, mich hineinzuschleichen *(Johannes Mario Simmel, österr. Schriftsteller, 1924–2009; 19,220).*

6.1 Laut lesen

Am besten lesen Sie sich das unvollendete Wort, den unvollendeten Satz oder die letzte Seite erst einmal selber laut vor. Indem Sie Ihren eigenen Text zugleich lesen und hören, machen Sie sich nicht nur die bisherige Argumentation bewusst, sondern können auf diese Weise auch leichter den neuen Text an den alten anschließen. Dieses Rekapitulieren funktioniert dann am besten, wenn man nicht nur den alten Text laut liest, sondern auch die nächsten drei, vier Sätze „laut schreibt", das bedeutet: den Text während des Schreibens laut mitspricht.

 Eine Hilfe liegt bisweilen auch im „mündlichen Anlauf": Will es nicht recht gelingen, einen inhaltsschweren Satz auf dem Papier zu Ende zu führen, so spricht man ihn sich laut und zielstrebig vor – und kann erleben, dass die Sprache das Denken mitreißt *(Georg Möller, dt. Autor, 1907-1997; 35,488)*.

Durch das gleichzeitige Schreiben und Sprechen erhöht sich die Denk- und Schreibaktivität ebenso wie die Konzentration. Sollte dieses Vorgehen ungewohnt sein und sollte es beim ersten Versuch nicht auf Anhieb klappen, lesen Sie sich das am Vortag Geschriebene *mehrmals* langsam laut vor, bis sich der Anschlussgedanke „wie von selbst" einstellt.

Laut lesen und schreiben ist auch hilfreich, wenn man mitten im Schreiben steckenbleibt. Am besten legen Sie dann erst einmal eine kurze Pause ein. Danach lesen Sie sich — auch mehrfach — das bisher Geschriebene laut vor, um dann laut weiterzuschreiben.

Wenn es nur um den Wiedereinstieg ins Schreiben geht, scrollen Sie im Textfenster so weit hoch, dass nur die letzten zwei oder drei Zeilen oder Sätze auf dem Bildschirm erscheinen. So werden Sie nicht von den Textstücken abgelenkt, an denen Sie gerade gar nicht arbeiten wollen. Es genügt, wenn Sie diese wenigen Zeilen nochmals lesen, um den Anschluss zu finden. Wenn es dagegen um den inhaltlichen Zusammenhang des Geschriebenen geht, müssen Sie den gesamten Text des Vortages nochmals lesen, am besten laut.

6.2   Im Schreibfluss bleiben

Lassen Sie sich von Ihrem inneren Kritiker nicht dazu verleiten, den Schreibfluss zu unterbrechen, um unvollständige Zitate nachzusehen, Beispiele herauszusuchen, Behauptungen letztendlich schlüssig zu belegen, Formulierungen zu glätten und dreimal neu anzusetzen, um das treffende Wort zu finden. All das können Sie später nachholen. Beim ersten Schreiben geht es vor allem darum, ins Schreiben zu kommen und im Schreiben zu bleiben.

Allerdings wird sich unser innerer Kritiker immer wieder einmal zu Wort melden. Einiges von dem, was er sagt, lässt sich nur schwer überhören, weil es tatsächlich zutrifft. Deshalb nutzen wir diese Kritik: Beim Schreiben der Rohfassung setzen wir überall dort Randzeichen, wo uns schon beim Schreiben Zweifel kommen. Dafür benutzen wir eindeutige Symbole:

L = Logik
A = Ausdruck
G = Grammatik
? = Lücke
Z = Zitat ergänzen
B = Beispiel einfügen

Sie können diese Notizen am Rand des Textes als Kommentar mitlaufen lassen oder einfach in Klammern in den Fließtext einfügen. Diese Notizen helfen uns, im Schreibfluss zu bleiben. Später können wir uns in der Überarbeitung gezielt um diese Punkte kümmern.

Kleinere Korrekturen können Sie natürlich sofort vornehmen. Es ist durchaus in Ordnung, wenn Sie eine Formulierung verwerfen und sich spontan für eine treffendere entscheiden — jedoch sollten Sie sich auf keinen Fall an einem Formulierungsproblem festbeißen.

Nehmen Sie sprachliche, stilistische und formale Korrekturen immer erst vor, nachdem Sie die gesamte Arbeit bereits inhaltlich überarbeitet haben.

Wenn Sie einmal mitten im Satz steckenbleiben, hilft es auch, beim Schreiben mit sich selber zu sprechen:

 Sprechen Sie beim Schreiben mit sich selber. Wenn Sie mitten im Satz stocken und plötzlich sehen, dass etwas Dummes oder Falsches herauskommt, zwingen Sie sich, dennoch weiter zu schreiben. Notieren Sie für sich selber, was Sie über diesen Satz zu sagen haben: Warum er Ihnen dumm oder falsch vorkommt, wie Ihnen das aufgefallen ist, oder was immer Ihnen zu diesem Satz einfällt. Dieses Vorgehen hilft mehr als jedes andere, um beim Schreiben gar nicht erst stecken zu bleiben *(Peter Elbow, amerik. Schreibforscher; 11,74, Übers. E.-K.).*

Wenn Sie plötzlich in der Argumentation Ihrer Arbeit nicht weiterkommen, versuchen Sie es mit der Stoppuhrübung.

 ÜBUNG

Stellen Sie sich vor, Sie hätten genau eine halbe Stunde Zeit, um jemandem zu erklären, wie es in Ihrer Arbeit weitergehen soll. Schreiben Sie schnell mit der Stoppuhr neben sich und ohne weitere Notizen zur Hand zu nehmen einen kurzen Text.

Durch Zeitdruck und Adressatenbezug können Sie Ihre Gedanken lockern und plötzlich mitten im Schreiben den Anschlussgedanken entdecken, der Ihnen gefehlt hat. Dieser Trick funktioniert allerdings nur, wenn Sie sich wirklich unter Zeitdruck zum Drauflosschreiben zwingen.

6.3   Das Weiterschreiben vorbereiten

Wie wichtig es ist, das Weiterschreiben vorzubereiten, betont Peter Härtling:

   Am Abend bereite ich mich immer auf den nächsten Morgen vor. Ich schreibe Tastsätze, Anschlüsse, probiere sie aus. So dass ich am Morgen schon Futter habe; das ist ganz wichtig *(Peter Härtling, dt. Schriftsteller, geb.1933; 19,145).*

Formulieren Sie Ihren Arbeitsauftrag für den nächsten Tag am besten schriftlich in Stichworten oder als Arbeitsanweisung in ganzen Sätzen. Auf diese Weise haben Sie den gedanklichen Übergang zum folgenden Schreibpensum bereits vorbereitet und können am nächsten Tag ohne große Umwege weiterarbeiten.

   TIPP

Skizzieren Sie am Vorabend bereits ein oder zwei verbindende Sätze, mit denen Sie Ihr nächstes Kapitel/ Ihren nächsten Abschnitt beginnen könnten. Dann haben Sie schon einen Einstiegstext, an den Sie anknüpfen können.

Ernest Hemingway empfiehlt, dann mit dem Schreiben aufzuhören, wenn man weiß, wie es weitergeht. So fällt das Weiterschreiben leichter, denn das eigene „Reservoir" wird nie völlig erschöpft:

Man kann den Schriftsteller mit einem Brunnen vergleichen. Es gibt so viele Arten von Brunnen, wie es Schriftsteller gibt. Die Hauptsache ist, gutes Wasser im Brunnen zu haben, und es ist besser, ihm regelmäßig einen
Vorrat zu entnehmen, statt den Brunnen leerzupumpen
und darauf zu warten, bis er sich wieder füllt *(Ernest
Hemingway amerik. Schriftsteller, 1899-1961; 5,165).*

Gleichgültig, ob Sie mitten im Wort aufhören, Probesätze
entwerfen oder nur den weiterführenden Gedankengang
skizzieren, achten Sie darauf, dass Sie Ihren Anschlusstext auf
jeden Fall am Tag vor der Niederschrift auf die ein oder andere Weise vorbereiten.

 TIPP

Wenn Sie stecken bleiben und sich kein Anschlussgedanke einstellt, schreiben Sie eine E-Mail an einen
Freund und erklären, was Sie gerade zu sagen versuchen. Die Sprache der E-Mails produziert schnelle un-
zensierte Texte, die Ihr Denken in Schwung bringen.

6.4   Rituale zum Wiedereinstieg

Manche Schriftsteller folgen bewährten Ritualen, um flüssig
wieder ins Schreiben zu kommen:

 Wenn ich mich an den Schreibtisch setze, fange ich
nicht sofort an […]. Es gibt ein Vorgeplänkel. Man guckt
sich die letzten Seiten an, man denkt, der Anfang ist ja
gut gelungen. Und dann korrigiert man ein bisschen
und spielt sich langsam ein *(Brigitte Kronauer, dt.
Schriftstellerin, geb.1940; 19,170)*

Bei den täglichen Ritualen spielen auch der Schreibort, das Schreibmedium und der Schreibrhythmus eine wichtige Rolle: „Ich gehöre zur seltsamen Gattung der horizontalen Autoren" bekennt Truman Capote:

 Ich kann nur denken, wenn ich mich lang lege und mir, während ich mir's auf dem Bett oder auf der Couch bequem mache, Kaffee und Zigaretten zu Gemüte führe *(Truman Capote, amerik. Schriftsteller, 1924–1984; 7,341).*

Nachdem er den Text nach einer längeren Pause mit größtmöglicher innerer Distanz gelesen hat, trägt er ihn einem Publikum vor. Danach überarbeitet er das Ganze nochmals, streicht und verbessert:

 Was nun nicht in den Papierkorb wandert, davon tippe ich die Endfassung auf weißes Papier, und damit hätte sich's dann *(Truman Capote; 7,338/341).*

Probieren Sie verschiedene Wege aus: Kochen Sie sich erstmal einen heißen Kakao oder machen Sie ein paar Lockerungsübungen am offenen Fenster. Vielleicht haben Sie Spaß daran, jeden Morgen ein kleines Bild zu malen, das Ihre Stimmung ausdrückt. Oder Sie räumen zuerst Ihren Schreibtisch auf und legen Ihr Arbeitsmaterial bereit, um sich dann Schritt für Schritt Ihrem Text zu nähern, indem Sie sich zunächst das am Vortag Geschriebene vorlesen. Im Übrigen können Sie alle Tipps, die den Beginn des Schreibens erleichtern, auch für den Wiedereinstieg nutzen (vgl. Kap.5). Finden Sie heraus, welches Ritual Ihnen am besten hilft!

6.5   Pausen einlegen

Im Schreibfluss bleiben, kann auch heißen: abwarten, eine Pause einlegen, Abstand gewinnen. Vielleicht nehmen Sie sich hin und wieder einfach mal einen schreibfreien Tag. Diese Zeit ist nicht verloren, weil Sie danach oftmals freier weiterschreiben können. Während der schreibfreien „Inkubationszeit" arbeitet Ihr Projekt in Ihren Gedanken weiter und nicht selten kommt Ihnen gerade dann, wenn Sie gar nicht absichtlich und krampfhaft an Ihre Arbeit denken, ein weiterführender Gedanke oder Sie entdecken eine neue Verbindung zwischen Ihren Gedankenbausteinen.

Wenn Sie den Eindruck haben, dass Sie in Ihrer Argumentation feststecken oder den Wald vor lauter Bäumen nicht mehr sehen, wechseln Sie den Schreibort. So gewinnen Sie leichter eine innere Distanz zu Ihrem Text.

Krisen als notwendige Durchgangsphasen zu begreifen, kann entlastend wirken. Wenn wir uns erst einmal klargemacht haben, dass selbst professionelle Schriftsteller immer wieder Schreibkrisen bewältigen müssen, können wir eigene Schreibkrisen gelassener hinnehmen und darauf vertrauen, dass sich der Knoten schon lösen wird.

Auf ein wichtiges Moment beim Schreiben, nämlich das Aufhören, macht schließlich auch W.F. Haug aufmerksam:

   An der Lust zu schreiben wird es nicht fehlen, wenn du mit ihr ökonomisch umgehst und einen erprobten Rat beherzigst […] „jeweils rechtzeitig aufzuhören" solange die Schreiblust noch nicht völlig erschöpft ist *(Wolfgang Fritz Haug, dt. Philosoph, geb. 1936; 32,75).*

Und wenn es einmal gar nicht weiter geht? Dann probieren Sie die Strategie aus, die Jean Paul für sich fand: Er malte ein „d" n deutscher Schrift immer wieder in seine Manuskripte hinein und nutzte den Schwung, der zu seiner Zeit zum Einschreiben von Schreibfedern nötig war, um auf jeden Fall im Schreiben zu bleiben (37, 292). Malen Sie also einfach einen Buchstaben Ihrer Wahl so oft hintereinander aufs Papier, bis sich der Schreibkrampf löst und Sie wieder flüssig weiterschreiben können. Ob diese Technik auch am PC funktioniert, müssen Sie selber für sich ausprobieren. Wenn nicht, können Sie auch Ihre letzten Sätze nochmals mit der Hand abschreiben und anschließend Ihre Buchstabenketten malen.

6.6   Versionen schreiben

Zum flüssigen Schreibrhythmus gehört für viele Schriftsteller auch das mehrfache Um- und Neuschreiben der eigenen Entwürfe. Gefragt, warum sie denn bei der Überarbeitung nicht einfach Passagen durchstreiche, sondern stattdessen das Ganze neu schreibe, antwortet Maria Beig: „Ach, das gibt dann einen besseren Fluss, mein ich immer!" (Maria Beig, dt. Schriftstellerin, geb.1920; 8,52). Ganz ähnlich beschreibt Angelika Jakob ihren Arbeitsprozess in mehreren Schritten: Die ersten Zeilen schreibt sie mit der Hand, dann tippt sie das Ganze ein, druckt sich den Text aus, korrigiert ihn handschriftlich und tippt ihn danach nochmals ab. „Ich brauche einfach dieses Fingergefühl, um noch mal frischer und straffer zu formulieren", erläutert sie. Abschließend erfolgt die Endkorrektur am Computer (Angelika Jakob, dt. Schriftstellerin, 1926-2004; 8,103-04).
Flüssiges Versionenschreiben kann auch bedeuten, schnell zu schreiben, um den Fluss des Schreibens zu nutzen:

Wie ich arbeite? […] Ich arbeite sehr schnell, aber ich arbeite für den Papierkorb. Ich redigiere nie etwas Satz für Satz und Zeile für Zeile. Statt dessen schreibe ich ganze Partien neu, die mir nicht gefallen.[…] Je schneller ich schreibe, desto besser ist meine Leistung. Wenn ich langsam mache, komme ich in Schwierigkeiten. Es bedeutet, dass ich die Worte vor mir herschiebe, statt von ihnen mitgerissen zu werden *(Raymond Chandler, brit.-amerik. Schriftsteller, 1888–1959; 35,418).*

Mitunter hilft auch die „Crash-Technik":

 Wenn Sie festsitzen und keine andere Technik Sie weiterbringt: Stellen Sie sich vor, der Computer wäre abgestürzt, und fangen Sie neu an *(Daniel Perrin, Schweizer Schreibforscher, geb.1961; 36,91).*

Schreiben Sie Ihren neuen Entwurf frei von bereits formulierten Textstücken, rein aus der Erinnerung, und finden Sie so den Weg aus der Sackgasse. Oftmals hindert uns ein geschriebener Text, an dem wir immer wieder herumverbessern, nämlich gerade am flüssigen Weiterschreiben. Probieren Sie einfach aus, einen Abschnitt, bei dem Sie erhebliche Formulierungsprobleme haben, noch einmal ganz neu zu schreiben, zunächst am besten ohne Ihren ersten Textentwurf anzuschauen. Obwohl dieses Vorgehen zeitaufwändig erscheint, kann es uns aus Sackgassen herausführen und Schreibblockaden lösen.

Den „Versionenschreibern" stehen die „Schreiber in einem Zug" gegenüber: Sie entwerfen grundsätzlich nur eine Fassung, die sie aber meistens vielfach überarbeiten:

Nun ja, ich brauche nur eine einzige Niederschrift. Zweimal dasselbe, das mache ich nie. Konzipieren und Korrigieren gehen Hand in Hand […] Ändern – das heißt für mich in der Regel: Streichen! Selten, dass mal ein ganz neuer Absatz hinzukäme *(Colin Wilson, brit. Schriftsteller, 1931–2013; 7,291).*

Was so wirkt, als sei es in einem Zug geschrieben, ist allerdings oft das Ergebnis intensiver Vorarbeiten. So berichtet Bruno Apitz, dass seine Texte fast vollständig im Kopf vorformuliert seien:

  Ehe ich schreibe, ehe ich die manuelle Tätigkeit vollführe, schreibe ich im Kopf. Und zwar sehr lange und ausgiebig. Ich wähle verschiedene Versionen. Ich versuche, den stärksten Ausdruck dessen zu finden, was ich ausdrücken möchte *(Bruno Apitz, dt. Schriftsteller, 1919–1979; 42,148).*

Ob ein Autor mehrere Versionen eines Textes oder nur eine einzige Rohfassung schreibt – immer spielt die Überarbeitung eine entscheidende Rolle. Oftmals entsteht ein vollständiger Text allererst aus der Überarbeitung heraus:

  Im allgemeinen gibt es nichts, was ich nicht um- oder ganz neu schriebe. […] Was die einzelne Manuskriptseite angeht, so wird ausnahmslos jede etliche Male durchkorrigiert oder total umgekrempelt. Kurz: ‚ein eigenes Manuskript lesen‘, das ist für mich ein Synonym für ‚Abändern, Korrigieren, Andersmachen‘ *(Aldous Huxley, brit. Schriftsteller, 1894–1963; 35,219).*

Die meisten Schriftsteller kombinieren Neuschreiben und Überarbeiten: Einige Passagen werden mehrfach geschrieben, andere nur gekürzt, erweitert, verändert. Peter Kurzeck beschreibt dieses Verfahren als Progression der kleinen Schritte, die nach und nach zum Erfolg führt. Dabei hilft es mitunter auch, sich selber den Auftrag zum Überarbeiten zu geben, einen Auftrag, der wie ein Job erledigt werden muss.

Nutzen Sie auch immer wieder die Möglichkeit, am Computer Passagen auszuschneiden und den Text versuchsweise neu zusammenzusetzen. Schon der Philosoph Ludwig Wittgenstein zerschnitt – vor der Erfindung des Computers – seine Texte in Zettel, die er dann auswählte, umstellte und so ein jeweils neues Typoskript schuf.

Versuchen Sie, Sackgassen rechtzeitig zu erkennen. Wenn trotz verschiedener Strategien zur Überwindung von Schreibblockaden das Schreiben nicht „läuft", halten Sie inne und überprüfen Sie Ihre Arbeitsbedingungen und Ihre Themenstellung. Wählen Sie einen anderen Einstieg ins Thema, begrenzen Sie Ihr Thema, so dass es machbar wird, arbeiten Sie eventuell in kleineren Zeiteinheiten, wechseln Sie zwischen Lesen und Schreiben, diskutieren Sie den Stand Ihrer Arbeit und Ihre Schwierigkeiten mit anderen Schreibenden und profitieren Sie von den Erfahrungen Ihrer Studienkollegen und -kolleginnen.

7. Umgang mit dem inneren Kritiker

7. Umgang mit dem inneren Kritiker

Unser innerer Kritiker hindert uns oft daran, im Schreibfluss zu bleiben oder überhaupt etwas Akzeptables zu Papier zu bringen.

 Perfektionismus ist nicht die Suche nach dem Besten. Er ist eine Beschäftigung mit dem Schlechtesten in uns, dem Teil, der uns sagt, dass nichts von dem, was wir tun, je gut genug sein wird – und dass wir es noch einmal versuchen sollten *(Julia Cameron, amerik. Schriftstellerin, geb.1948; 6, 208).*

Perfektionismus und Selbstüberforderung verhindern, dass wir zu einer realistischen Selbsteinschätzung gelangen. Wir wissen nie genau, was eigentlich von uns verlangt wird, können unsere eigenen Leistungen nur selten mit anderen vergleichen und verlieren so nach und nach jedes Gefühl dafür, wo unsere Stärken und Schwächen liegen. In dieser Situation hat der innere Kritiker leichtes Spiel! Untersuchungen haben gezeigt, dass eine wiederholte, länger andauernde negative Bewertung durch den inneren Kritiker zu Schreibblockaden führt:

Woher kommen nur diese Schreibhemmungen? Ich glaube, dass viele Störungen in der Anfangsphase etwas mit unserem mehr oder weniger latenten Perfektionismus zu tun haben. Dieser Drang zur Perfektion hindert uns, einfach so ins Unreine zu fabulieren und etwas zu Papier zu bringen, was weder grammatikalischen noch sonstigen Ordnungen entspricht *(Hans-Eckhart Gumlich, dt. Physiker, 1926–2013; 32,152).*

Die im Folgenden vorgestellten Tricks sind hilfreich, um mit dem inneren Kritiker produktiv umzugehen.

7.1   Setzen Sie sich ein Zeitlimit!

Auch wenn Ihr Dozent kein Zeitlimit vorgegeben hat, sollten Sie sich einen Zeitpunkt setzen, zu dem Sie die Arbeit abgeben wollen. Nur so ist eine vernünftige Zeitplanung möglich und nur so schützen Sie sich wirkungsvoll vor unnötigem Perfektionismus. Gestehen Sie sich ein, dass es natürlich immer noch besser, präziser, überzeugender, anschaulicher ginge, dass Sie aber nur eine begrenzte Zeit zur Verfügung haben. Sie müssen sich also von vornherein darauf einstellen, innerhalb einer bestimmten Frist eine begrenzte Leistung zu erbringen. Diese Einsicht in die notwendige Unvollkommenheit Ihrer Arbeit wird Sie erleichtern und Ihnen Mut machen, die gesetzte Zeit gut zu nutzen.

 TIPP

Bestimmen Sie auch ohne äußeren Zeitdruck einen Abgabetermin für Ihr Arbeitsprojekt und setzen Sie sich eine Belohnung aus, z.B. eine gemeinsame Unternehmung mit Freunden. Durch diese Verabredung gewinnt Ihr Abgabetermin an Verbindlichkeit und es fällt Ihnen leichter, sich an Ihren Zeitplan zu halten.

7.2   Sprechen Sie mit Ihrem inneren Kritiker!

Hören Sie zunächst, was Ihr innerer Kritiker zu sagen hat. Registrieren Sie seine abwertenden Kommentare und machen Sie sich bewusst, dass Sie gerade dabei sind, in eine Schreibfalle zu laufen. Unterbrechen Sie dann sofort mit einem deutlichen „Stopp!" diese Negativspirale.

Gewöhnen Sie sich durch regelmäßiges Schreiben daran, Schreiben und Bewerten zu trennen. Dabei kann Ihnen das Free Writing besonders wirkungsvoll helfen (vgl. Kap. 5.2). Denken Sie daran, dass Sie auch beim Sprechen nicht sofort die treffende Formulierung finden und Ihre Gedanken perfekt geordnet präsentieren. Vielmehr entfaltet sich Ihre Argumentation beim Sprechen erst nach und nach. Diese Freiheit sollten Sie sich auch beim Schreiben geben. Schreiben Sie sich allmählich in den Textfluss hinein; setzen Sie ruhig mehrmals an, probieren Sie verschiedene Varianten aus; zensieren Sie vor allem Ihre ersten Sätze nicht zu früh:

 Der Versuch, die ersten Zeilen perfekt zu formulieren, ist der sichere Weg zum Misserfolg – und wahrscheinlich eine geheime Taktik, um danach das Schreiben ganz aufzugeben *(Peter Elbow, amerik. Schreibforscher; 11,6 Übers. E.-K.).*

Treten Sie hin und wieder mit Ihrem Kritiker in einen inneren Dialog: Nehmen Sie ein Blatt Papier und legen Sie zwei senkrechte Spalten an. Links wird alles notiert, was Ihr Kritiker sagt: „Das klingt blöd.", „Das stimmt überhaupt nicht.", „Das schaffst du doch nie.", „Du weißt überhaupt nicht, wie das geht.", „Das ist bestimmt nicht wissenschaftlich."— und so weiter und so weiter.

ÜBUNG

Jetzt hat Ihr Kritiker das Wort: Was sagt er? Schreiben Sie es in der linken Spalte Ihrer Übersicht auf.

Überlegen Sie dann, was an der Kritik tatsächlich „dran ist": Auf den „Killer"-Vorwurf „Das schaffst du doch nie" könnten Sie beispielsweise antworten: „Das ist meine erste wissenschaftliche Arbeit. Ich muss erst noch lernen, wie man so etwas macht. Ich werde mal sehen, ob es an unserer Uni Seminare zum wissenschaftlichen Schreiben gibt. Wenn nicht, besorge ich mir ein Buch dazu oder frage bei anderen nach." Schreiben Sie Ihre positiven Entgegnungen in die rechte Spalte.

 ÜBUNG

Jetzt notieren Sie in der rechten Spalte Ihrer Liste, wie die Dinge bei *genauem* Hinsehen wirklich aussehen.

Auf diese Weise lassen sich pauschale, entmutigende Einwände Ihres Kritikers durch eine realitätsgerechte Einschätzung entkräften. Dabei werden Sie auch feststellen, dass viele Urteile Ihres inneren Kritikers überzogen sind und dass die Realität, betrachtet man sie einmal nüchtern, bei Weitem nicht so schlimm ist. Nach dieser Einsicht werden Sie wesentlich entspannter weiterschreiben.

Mitunter will uns der innere Kritiker auch entmutigen, indem er uns vor Augen hält, dass alles zu unserem Thema schon gesagt ist: besser, flüssiger, überzeugender. Hermann Burger hat diese Situation in einem Aufsatz beschrieben:

Da habe ich die Situation beschrieben, dass ein Student
vor dem leeren Papier sitzt, und um ihn aufgebaut ist
die Weltliteratur. Nun ist er ständig in Versuchung, auf
diese Weltliteratur zu schielen und zu sagen: Stifter hat
die Harmonie beschrieben, Goethe hat den Ausgleich
Dyastole-Systole beschrieben und so weiter; alles gibt
es schon. Im Umgang mit der eigenen Arbeit haben
wir es nicht mit Meisterwerken zu tun, sondern mit
Embryos, die entstehen wollen. Dann ist es nötig, dass
man den Blick auf die Weltliteratur zurücknimmt *(Hermann Burger, Schweizer Schriftsteller, 1942–1989;
8,148).*

Oftmals genügt es auch, erst einmal zum inneren Kritiker auf
Distanz zu gehen. Legen S e eine Schreibpause ein oder über-
schlafen Sie Ihr Schreibproblem. Wenn Sie sich gelassener
fühlen, nehmen Sie einen neuen Anlauf. Sie können sich auch
von einer Person Ihres Vertrauens ermutigen lassen. Außen-
stehende können nicht selten viel besser einschätzen, wie es
tatsächlich um unsere Kompetenz bestellt ist.

7.3   Aktivieren Sie Ihren inneren Schreibcoach!

Es ist nicht immer nur der innere Kritiker, der sich zu Wort
meldet, sondern beim Schreiben fließen häufig auch Erfahrungen früherer Schreibprozesse ein, die Sie aktiv nutzen
können. Während des Schreibens führen Sie nämlich, ob Sie
es merken oder nicht, immer einen inneren Dialog, in den
eben diese Erfahrungen eingehen. Untersuchungen haben
gezeigt, dass sich erfahrene Schreiber im Unterschied zu
Schreibanfängern diesen Dialog gründlicher bewusst machen
und ihn aktiv nutzen. Diese so genannten metakognitiven

Fähigkeiten ermöglichen die Kommunikation zwischen innerer und äußerer Sprache. Zur inneren Sprache gehören die Gedanken und Gefühle, die während des Schreibens entstehen und den Schreibprozess beflügeln aber auch blockieren können. Sobald sich die Schreibenden über ihre inneren „Dialoge" klar werden, können sie daran arbeiten, ihre Blockaden abzubauen.

Versuchen Sie immer wieder, die positiven Gefühle zu verstärken, und gehen Sie den negativen Gefühlen auf den Grund. Probieren Sie unterschiedliche Strategien aus diesem Buch aus und lassen Sie sich auch durch positive Erfahrungen anderer Schreiber anregen.

In der Regel werden Sie beim Schreiben sowohl *textvorbereitende* als auch *textbegleitende* Strategien einsetzen: Text vorbereitend wirken Techniken wie Textfahrplan, Flussdiagramm, Übersichtsbild mit Pfeilen und Verbindungslinien, Mindmap oder einfach sinnvoll aneinandergereihte Stichwörter. Textbegleitende Strategien erscheinen als Kritik und Zweifel, Fragen, Emotionen, Blockaden, Perfektionismus. Sowohl die textnahen als auch die eher textfernen Strategien können im Dialog mit dem inneren Schreibcoach zum Thema werden. Unterscheiden Sie dabei zwischen hemmenden und hilfreichen Schreibstrategien und fragen Sie sich: Welche Schreiberfahrungen habe ich bereits? Welche Strategien setze ich erfolgreich ein? Was gelingt mir gut? Woran liegt das? Welche Impulse empfinde ich als hilfreich? Was hemmt mich? Welche Erwartungen und Befürchtungen verbinde ich mit dem Schreiben? Welche Vermeidungsstrategien setze ich ein?

TIPP

Machen Sie sich bewusst, was Ihr Schreiben fördert, und formulieren Sie kurze schriftliche Anweisungen für sich selber, die Sie bei Ihren künftigen Schreibaufgaben beherzigen wollen. Schreiben Sie diese Anweisungen auf ein buntes Blatt Papier und hängen Sie es über Ihren Schreibtisch oder legen Sie es griffbereit neben Ihren Computer.

Treten Sie auch hin und wieder mit Ihrem inneren Coach in Kontakt, um durch ein internes Feedback Ihren Textplan oder Ihre Argumentation zu überprüfen. Führen Sie einen Dialog, indem Sie laut mit sich selber sprechen und Schwachstellen Ihrer Arbeit oder einfach nur die nächsten Arbeitsschritte diskutieren. Sie werden erstaunt sein, wie hilfreich solche Selbstgespräche für Ihren Klärungsprozess sein können.

7.4   Bleiben Sie beim Schreiben Sie selbst!

Versuchen Sie nicht, durch komplizierte Formulierungen „wissenschaftlich" zu klingen. Schreiben Sie auch wissenschaftliche Texte in einer Sprache, die zu Ihnen passt. Wenn Sie eher kurz und knapp schreiben, achten Sie darauf, dass bei aller Kürze die Belege und Begründungen für Ihre Behauptungen nicht fehlen und dass Sie Ihren Lesern hin und wieder mit einem Beispiel das Verständnis erleichtern. Wenn Sie dagegen eher ausführlich und detailreich schreiben, prüfen Sie mit Hilfe des Frage-Antwort-Schemas, ob Ihre Aussagen tatsächlich jeweils auf die gerade in diesem Kapitel/diesem Abschnitt gestellte Frage antworten.

7.5   Verordnen Sie sich Schreibverbot!

Einen scheinbar paradoxen Rat aus eigener Erfahrung gibt der Physiker Hans-Eckhart Gumlich seinen Doktoranden:

 Ich verordnete mir quasi Schreibverbot und legte am Abend alles pedantisch zurecht, was ich für die ersten Zeilen brauchen würde. […] Dann habe ich mich selbst programmiert: Heute wird nicht geschrieben, aber morgen früh um neun, da geht es los. Nach einer ruhigen Nacht […] war am nächsten Morgen die Blockade gelockert. Die ersten Zeilen kamen zu Papier *(Hans-Eckhart Gumlich, dt. Physiker, 1926–2013; 32,152).*

Probieren Sie aus, ob dieses vorübergehende „Schreibverbot" Sie entlastet. Manchmal braucht der innere Kritiker nämlich einfach eine Auszeit. Danach ist er milder gestimmt und lässt Sie flüssiger schreiben.

7.6   Nutzen Sie die Signale Ihres Kritikers!

Der zweifache Nobelpreisträger für Chemie Linus Pauling antwortete auf die Frage nach der besten Strategie, um auf bahnbrechende Ideen zu kommen: „Man sortiert die schlechten aus!"
Hören Sie auf Ihren inneren Kritiker, wenn er Ihnen beim Lesen der Forschungsliteratur, bei der Entwicklung der zentralen Fragestellung, beim Entwerfen einer vorläufigen Struktur für die eigene Arbeit signalisiert, dass Sie gerade in eine Sackgasse laufen. Halten Sie inne und überlegen Sie in Ruhe, was gerade schiefläuft und was sich dagegen tun lässt. Vielleicht sollten Sie noch einmal die Forschungsliteratur befragen; vielleicht können Sie Ihr Thema noch schärfer eingrenzen, viel-

leicht fehlen einfach hier und da noch überzeugende Argumente?

Wenn man die auf den ersten Blick unbrauchbaren Ideen früh genug aussortiert, erspart man sich so manchen Umweg. Allerdings kann man nur dann beurteilen, was in der eigenen Arbeit machbar und sinnvoll ist, wenn man die Anforderungen an eine wissenschaftliche Arbeit kennt. Die aussortierten Ideen sollte man aber nicht einfach entsorgen, sondern sie in einem eigenen Dokument speichern, um später bei der Suche nach einleitenden oder abschließenden Bemerkungen für die Arbeit eventuell darauf zurückzugreifen.

Und wenn Ihr innerer Kritiker einmal gar keine Ruhe gibt, verblüffen Sie ihn mit einem Zitat von Thomas Mann:

 Ein Schriftsteller, das ist einer, der Schwierigkeiten hat beim Formulieren *(Thomas Mann, dt. Schriftsteller 18875-1955).*

Schreibschwierigkeiten, wiederholte Anläufe, Blockaden und misslungene Texte gehören einfach zum Handwerk des Schreibens dazu! Und wenn wir erst einmal wissen, dass sich der Kritiker mit Vorliebe am Anfang und am Schluss des Schreibprozesses meldet, lassen wir uns davon auch nicht mehr schrecken, sondern achten mit ganz besonderer Aufmerksamkeit auf Strategien, die uns helfen, ins Schreiben zu kommen und unsere Rohentwürfe zielführend zu überarbeiten.

8. Überarbeiten

8. Überarbeiten

Überarbeiten ist mehr als nur das Verbessern von Tippfehlern und missratenen Formulierungen. Denn oft entsteht zuallererst bei der Überarbeitung ein kohärenter überzeugender Text. Deshalb ist es so wichtig, sich Zeit und Muße für die Überarbeitung des eigenen Textes zu nehmen. In der Praxis allerdings ist die Überarbeitung oft ein Stiefkind: Unter Zeitdruck schreibt man schnell ein paar Überleitungen, um die Kapitel zu verbinden, gruppiert vielleicht ein paar Passagen um und bündelt die wichtigsten Ergebnisse noch einmal im Fazit. Dabei bleibt aber oft das ungute Gefühl, den Text mit der Überarbeitung nicht wirklich verbessert oder gar optimiert zu haben. Selbst Schreibenden, denen die Rohfassung ziemlich mühelos gelungen ist, schrecken oftmals vor der Überarbeitung zurück und schieben sie unnötig lange vor sich her.

8.1 Umschreiben und Korrigieren

Versuchen Sie einmal, das Überarbeiten statt als lästige Aufgabe vielmehr als Spiel zu betrachten, in dem Sie verschiedene Varianten ausprobieren können:

Ich habe keine Probleme, etwas wieder zu verwerfen. Der Computer kommt mir da sehr entgegen, weil er mich sozusagen wie ein Tier zum Spielen, zum Spielen mit Sprache, auffordert – er ist wirklich wie für mich erfunden *(Elfriede Jelinek, österr. Schriftstellerin, geb.1946; 19,65).*

Überarbeiten als Spiel: Diese Idee ist uns zunächst fremd, aber wenn wir uns versuchsweise auf dieses „Spiel" einlassen, kann die Überarbeitung eines Textes streckenweise tatsächlich entspannter und effektiver sein. Wir probieren verschiedene Fassungen aus, lassen sie ruhig erst einmal einen Tag lang liegen und entscheiden danach, welche Variante wir wählen möchten. Spielerisch überarbeiten bedeutet aber auch, dass der Anspruch, ein Text müsse perfekt sein, wegfällt. Es geht zunächst lediglich um die Wahl einer möglichen Variante oder Formulierung, nicht um eine endgültige Fassung. Dieses Spiel funktioniert am besten, wenn Sie auf die verschiedenen Fassungen Ihres Textes zurückgreifen können:

 Ich habe ein Problem, wenn ich etwas ändern möchte. Natürlich ändert es sich am Computer leichter […] Aber man kann hinterher nicht mehr sehen, wie es vorher war. Vielleicht möchte ich die Änderung aber wieder rückgängig machen, vielleicht nur einen Teil davon […] Wenn ich mit der Hand ändere, dann ist da nur ein dünner Strich durch, und ich kann sehen, wie es einmal war. Das verstehe ich übrigens auch unter „einem Text näher zu sein" *(Jurek Becker, dt. Schriftsteller, 1937–1997; 19,18).*

Beim Überarbeiten kann es besonders bei informationsdichten Texten wie Einleitung und Schlussteil hilfreich sein, auf mehrere eigene Fassungen zurückzugreifen. Gerade diese Überblickstexte schreiben wir in der Regel öfter um als die übrigen Passagen. Deshalb sollten Sie entweder in Ihrem Computer die Vorgängerfassungen speichern oder diese Textteile einmal tatsächlich mit der Hand schreiben, um Ihre verschiedenen Versionen gleichzeitig vor Augen zu haben. Meistens entsteht der Text dann in einer Art Puzzle aus bereits formulierten Textteilen. Diese Schreibstrategie entlastet die Schreiber, die so nicht immer wieder neu ansetzen müssen, sondern eigene Versatzstücke nutzen können.

Am flüssigsten schreiben Sie, wenn es Ihnen gelingt, den gesamten Text auf einmal in einer vorläufigen Fassung „runterzuschreiben". Achten Sie dabei weder auf Grammatik noch auf Vollständigkeit, sondern nur auf den Gedankengang. Zu frühes Überarbeiten lässt den Schreibprozess erfahrungsgemäß leicht stocken. Korrigieren Sie Ihren Text deshalb erst, wenn Sie schon ein bisschen Abstand vom unmittelbaren Produktionsprozess gewonnen haben.

 Während des eigentlichen Schreibvorgangs korrigiere oder ändere ich gar nichts. Sagen wir mal, ich schreibe eine Sache runter, wie's gerade kommt, und wenn dann der Rausch vorüber ist, lasse ich die Sache eine Zeitlang liegen […] und danach betrachte ich sie mit ganz anderen Augen. Was dann kommt, ist die reinste Liebeserklärung. Ich falle nämlich mit der Axt über sie her *(Arthur Miller, amerik. Schriftsteller, 1915–2005; 5,130).*

Es gibt allerdings Schreibende, die nur schwer einen Text unkorrigiert stehen lassen können, den sie schon beim Schreiben als fehlerhaft und unvollständig empfinden. Diese Schreiber „dürfen" *eine* Grobkorrektur vornehmen.

Es gibt da nämlich eine Gefahr […]. Man hackt rum und markiert und entfernt und setzt wieder ein … und am nächsten Tag merkt man, im Grunde hat man nicht gearbeitet. […] Man muss das auch mal stehen lassen und weitergehen. Aber so 'ne grobe Korrektur am nächsten Tag muss sein, sonst scheppert ständig etwas und sorgt dafür, dass die ganze Navigation nicht mehr stimmt *(Sten Nadolny, dt. Schriftsteller, geb.1942; 19,72).*

Es kann also durchaus nützlich sein, sich nach jedem Kapitel eine Grobkorrektur „zu erlauben". Obwohl Korrekturen häufig den Schreibfluss hemmen, können sie auf der anderen Seite aber auch Druck vermindern, indem sie dem Schreiber das gute Gefühl geben, bereits einen halbwegs akzeptablen Text geschrieben zu haben. Dann ist es hilfreich, unmittelbar nach der ersten Niederschrift offensichtliche inhaltliche Fehler zu verbessern und Lücken zu füllen.

TIPP

Gehen Sie mit einem klaren Arbeitsauftrag an Ihre erste Überarbeitung heran: Es geht nur darum, auffällige inhaltliche und logische Mängel zu beseitigen. Mit der Arbeit am Detail beginnen wir erst, wenn die gesamte Rohfassung steht.

Im Kapitel „Im Schreiben bleiben" haben wir bereits den so genannten Versionenschreibern über die Schulter geschaut und gesehen, welche zentrale Rolle das Überarbeiten spielt. Dabei hat sich gezeigt, dass allein das Abschreiben des eigenen Textes bereits zum Überarbeiten animiert. Durch das Arbeiten am PC erscheint uns das Abschreiben eines Textes auf den ersten Blick unnötig. Umso interessanter ist es zu erfahren, dass gerade diese „altmodische" Technik heute Journalisten empfohlen wird, die unter Zeitdruck druckreife Texte produzieren müssen. Beim Abschreiben des Textes werden nämich Schwächen sichtbar, die Sie beim bloßen Verbessern nicht entdeckt hätten. Das liegt daran, dass sich Ihr Gehirn voll auf die Textoberfläche konzentrieren kann:

 Entspanntes Abschreiben ist ökonomisches, intuitives Überarbeiten in der Leserichtung. Weil die grobe Arbeit gemacht ist, nutzen Sie nun Ihre ganzen Ressourcen dafür, die Sprachoberfläche zu polieren. Und weil Sie alles neu schreiben und nicht bloß lesen, wirft Sie eine Neuformulierung nicht aus dem Gedankenfluss, die Assoziationsfäden reißen beim Korrigieren nicht ab *(Daniel Perrin, Schweizer Schreibforscher, geb.1961; 36,85).*

Probieren Sie also ruhig einmal, Ihren Rohtext passagenweise abzuschreiben und dabei hin und wieder neu zu formulieren. Stellen Sie fest, ob diese Überarbeitungstechnik Ihren Korrekturprozess beschleunigt.
Manchmal entsteht ein Text auch in mehreren „Schichten" wie ein Gemälde:

 Ich vergleiche meine Arbeitsweise gern mit der Arbeitsweise jener Maler aus vergangenen Jahrhunderten, die sozusagen Schicht um Schicht auftrugen. Das erste ist ein Rohentwurf, weit vom Ideal entfernt und noch gar nicht durchgearbeitet, obgleich schon jetzt […] Form und Struktur der Endfassung sich deutlich abzeichnen. Daraufhin schreibe ich weitere Fassungen, trage also weitere „Schichten" auf, und das mache ich so lange, bis ich mit dem Ergebnis zufrieden bin *(Alberto Moravia, ital. Schriftsteller, 1907-1990; 7,255).*

Egal, ob Sie sich Ihre Arbeit am Text als Gemälde vorstellen, das sich in mehreren Schichten aufbaut oder als Puzzle, dessen Teile Sie nach und nach zusammensetzen – wichtig ist nur, dass Sie sich klarmachen, dass der erste Entwurf nicht mehr als ein Versuch ist, dem zahlreiche Überarbeitungsschritte folgen werden.

Tatsächlich gewinnt der Text oft erst im Zuge der Überarbeitung seine charakteristische Gestalt. So wird von dem Literaturkritiker und Essayisten Karl Kraus berichtet, dass er seine Texte durch seitenlange Einschübe erweiterte und so erst zur gewünschten Textgestalt gelangte. Natürlich ist es sehr aufwändig, den gesamten Text nochmals abzuschreiben. Deshalb empfiehlt sich dieses Verfahren nur für besonders schwierige Passagen.

Für „Wenigschreiber" ist die Texterweiterung allerdings außerordentlich hilfreich. Denn beim Abschreiben und Verändern eines eher schmalen Textes entdeckt man oft schreibend, fast nebenbei, mögliche Ergänzungen und Erweiterungen. Auf diese Weise erreicht man zwanglos den vorgegebenen Textumfang.

Von dem romantischen Dichter Clemens Brentano stammt der Tipp, im Manuskript vorausschauend immer wieder Leerzeilen für die Nachbesserung frei zu lassen. Und auch Goethe berichtet im Gespräch mit seinem Dichterkollegen Johann Peter Eckermann, dass er gerne im Manuskript leere Seiten einhefte zum „Anlocken" und „Reizen" an Stellen, die er noch weiter ausführen wolle.

Am Computer scheint uns dieses Verfahren zunächst unnötig, da man die erforderlichen Leerzeilen jederzeit einfügen kann. Allerdings gewinnt man einen ganz anderen Blick auf den eigenen Text, wenn hin und wieder bereits Leerzeilen den Leseprozess unterbrechen und uns auffordern, über mögliche Erweiterungen und Erläuterungen nachzudenken.

TIPP

Probieren Sie einmal aus, in einem Text schon bei der ersten Niederschrift immer dort Leerzeilen einzufügen, wo Sie sich Erweiterungen vorstellen können oder wünschen.

Wenn Sie außerdem bereits in Stichworten anmerken, welche Erläuterungen vielleicht sinnvoll wären, haben Sie bei der Korrektur schon einen konkreten Arbeitshinweis und können ohne lange Vorbereitung loslegen.
Sie können auch bereits während des Schreibens im fortlaufenden Text mögliche Variationen skizzieren:

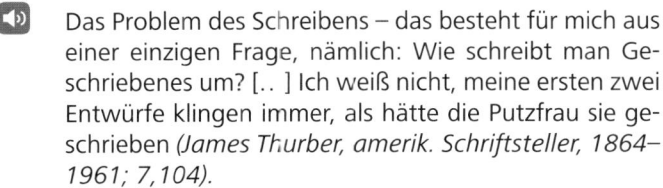 Ich mache mir Notizen – Anmerkungen wie: „Das gehört aber eigentlich nicht zur Sache. Was ich wirklich sagen wollte, ist …" und so weiter *(Colin Wilson, brit. Schriftsteller, 1931–2013; 7,291).*

Dieses Selbstgespräch können Sie sowohl für spätere Erweiterungen als auch für Änderungen und/oder Kürzungen einsetzen. Notieren Sie Ihre Überlegungen in begleitenden Kommentaren und greifen Sie bei der Überarbeitung darauf zurück.

Zugespitzt formuliert James Thurber seine Erfahrung des beständigen Umarbeitens:

Das Problem des Schreibens – das besteht für mich aus einer einzigen Frage, nämlich: Wie schreibt man Geschriebenes um? [..] Ich weiß nicht, meine ersten zwei Entwürfe klingen immer, als hätte die Putzfrau sie geschrieben *(James Thurber, amerik. Schriftsteller, 1864–1961; 7,104).*

8.2   Distanz zum eigenen Text gewinnen

Distanz zum eigenen Text ist in jedem Fall eine unabding-
bare Grundvoraussetzung für jede erfolgreiche Korrektur.
Erst aus der Distanz erkennen Sie die Stärken und Schwächen Ihrer Arbeit und können dann Ihre Stärken ins rechte
Licht rücken und Ihre Defizite ausgleichen. Verschiedene
Tricks können Ihnen helfen, Ihre Arbeit selber kritisch zu
betrachten:

🔊 Habe ich eine Sache abgeschlossen, dann bemühe ich
mich, sie mit kaltem und nüchternem Blick, mit den
Augen des Kritikers also, zu betrachten *(Robert Penn
Warren, amerik. Schriftsteller, 1905–1989; 7,230).*

▶ **ÜBUNG**

Schreiben Sie, bevor Sie Ihren Text überarbeiten,
eine kurze Rezension Ihrer Studie. Stellen Sie sich
vor, Ihre Arbeit sei bereits fertig und veröffentlicht.
Als Rezensent sollen Sie nun einem interessierten
Publikum Ihre Studie vorstellen. Ihre Leser möchten
erfahren, was die Untersuchung lesenswert macht,
aber auch, welche Punkte vielleicht diskussionsbe-
dürftig sind.

Wenn Sie mit Hilfe der Rezension die Perspektive wechseln
und Ihren Text kritisch durchleuchten, werden Sie zu neuen
Einsichten gelangen und Ihren Text danach präziser überarbeiten können.

Ebenso hilfreich ist es, sich den zukünftigen Leser vorzustellen:

 Der Autor sollte sich häufiger in die Rolle des Lesers versetzen und von Zeit zu Zeit beim Schreiben detachiert fragen: Wenn ich nun so etwas läse, würde ich dann immer noch diese Stelle hier für gut halten? *(William Stryron, amerik. Schriftsteller, 1925–2006; 7,314).*

Wenn Sie die *Argumentation* Ihres Textes überprüfen wollen, empfiehlt es sich, zunächst eigene Fragen an den Text zu stellen:

 Unterteilen Sie Ihren Entwurf in Abschnitte und lassen Sie genügend Platz zwischen ihnen. Notieren Sie in den freien Zwischenräumen Antworten auf folgende Fragen: Was will ich mit diesem Abschnitt meines Entwurfs erreichen? Was habe ich erreicht? Was könnte ich an diesem Abschnitt noch ändern, um mein Ziel zu erreichen? *(Donald M. Murray, amerik. Schriftsteller und Schreibforscher, 1924-2006; 29,223).*

Mit Hilfe dieser Fragen können Sie selber möglichen Schwachstellen Ihrer Arbeit auf die Spur kommen.

8.3   Den Text verfremden

Drucken Sie Ihren Text in einem ungewohnten Seitenlayout aus. Ändern Sie nicht nur die Schriftart, sondern auch die Zeichengröße, den Zeilenabstand und die Spaltenbreite. Lesen Sie den Text nach einer Pause von einigen Tagen an einem ungewohnten Ort! Sie werden sehen, dass Ihr Manuskript Ihnen ein wenig fremd wird und Sie es mit unverstelltem Blick neu lesen können.

So unterschiedliche Schriftsteller wie Stefan George, Friedrich Schiller oder Rudolf Borchardt stellten sich ihren noch nicht veröffentlichten Text als Druckbild vor, um ihm „Realität" zu verleihen. Oftmals schrieben sie auch ihre Texte in kalligraphisch besonders schönen Lettern ab, um den Druck vorwegnehmend zu simulieren. Einen Text auszudrucken bedeutet also nicht nur, dass man Tippfehler leichter entdeckt, sondern objektiviert den eigenen Text zugleich. Wir können ihn dann eher wie einen fremden betrachten und bearbeiten.

Distanz zum eigenen Text ist auch für die formale Korrektur nötig. Donald Murray empfiehlt, den gesamten Text Satz für Satz rückwärts zu lesen, um Fehlern auf die Spur zu kommen, die man beim herkömmlichen Lesen leicht übersehen würde (Donald M. Murray, amerik. Schriftsteller und Schreibforscher, 1924-2006; 29,238).

8.4 Sich Feedback holen

Es ist immer hilfreich, sich früh im Schreibprozess Feedback zu holen. Allerdings profitieren Sie am meisten von diesen Rückmeldungen, wenn Sie Ihren Lesern erst einmal sagen, wo Sie im Arbeitsprozess gerade stehen, etwa bei der vorbereitenden Ideenfindung, auf der Suche nach einer Struktur oder bereits nach der ersten Überarbeitung. Geben Sie Ihrem Testleser immer einen klaren Arbeitsauftrag, indem Sie Fragen formulieren, auf die Sie eine Antwort haben möchten: „Markiere bitte im Text, wo du meine Argumentation nicht verstanden hast oder wo du beim Lesen erst einmal hängen geblieben bist". Oder: "Kannst du beim Lesen meinen roten Faden erkennen? Verstehst du, wie die Kapitel auf einander aufbauen?"

Sie können Ihren Testleser auch bitten, seinerseits zu reformulieren, was er/sie verstanden hat. Wenn Ihr Leser in eigenen Worten wiedergibt, welche Fragen Ihr Text stellt und wie er sie beantwortet, können Sie überprüfen, ob Ihre Aussagen beim Leser angekommen sind.

Eine weitere Aufgabe für Ihren Testleser besteht darin, Fragen zu formulieren: „Ich möchte gern wissen ...". Welche Fragen bleiben für Ihren Leser ungeklärt? Wo würde er gern genauer nachfragen?

 Wenn Sie also beim Schreiben [...] auf momentan nicht zu klärende Widersprüche stoßen, dann sollten Sie dies für sich selbst markieren. Unklarheiten, Lücken in der Beweisführung oder Widersprüche zu anderen Passagen des schon Niedergeschriebenen müssen, unter Umständen mit Hilfe von kompetenten Gesprächspartnern, aufgearbeitet werden. Bei jeder Unklarheit in der Darstellung sollten wir uns im übrigen fragen, ob dort nicht auch noch Unsicherheiten der Sache sind *(Hans-Eckhart Gumlich, dt. Physiker, 1926–2013; 32,161-162).*

Sie können die Zusammenarbeit mit Ihren Testlesern auch als Gruppenfeedback organisieren:

 Verteilen Sie Kopien Ihres Entwurfs. Lesen Sie Abschnitt für Abschnitt vor und machen Sie nach jedem Absatz eine Pause, damit Ihre Zuhörer ihre Reaktionen aufschreiben können: Was wird wohl als nächstes kommen? Was hat Ihre Zuhörer enttäuscht? Was hat sie überrascht? Was hat sie gestört und was fanden sie gut? *(Donald M. Murray, amerik. Schriftsteller und Schreibforscher, 1924-2006; 29,220).*

Tun Sie aber nicht zu viel des Guten:

   Ein Zweitleser muss sein – einer! Andere stören nur *(Sten Nadolny, dt. Schriftsteller, geb.1942; 31,143).*

Zusätzlich zu einem Fachleser/einer Fachleserin können Sie natürlich noch einen Freund/eine Freundin bitten, den Text ausschließlich auf formale Fehler hin zu lesen. Am besten suchen Sie sich einen Testleser für die Argumentation und einen anderen Korrekturleser für die Formalien.

8.5   Kürzen

„Wenn es möglich ist, ein Wort zu streichen – streiche es." Mit dieser Devise steht George Orwell nicht allein. Immer wieder betonen Schriftsteller, wie wichtig gerade das Kürzen für die Qualität eines Textes ist. Dabei spielt besonders das laute Vorlesen eine wichtige Rolle:

   Je mehr man einen Text entschlackt und alles heraus-nimmt, was nicht unbedingt nötig ist, desto mehr ist auch etwas möglich, was ich oft wie eine Probe be-trachte: Der Text lässt sich vorlesen! *(Sten Nadolny, dt. Schriftsteller, geb.1942; 31,138).*

Wenn man den eigenen Text laut vorliest, entdeckt man häufig bereits die gröbsten Fehler: unnötige Füllwörter, zu lange Sätze, umständlich gedrechselte Satzkonstruktionen und überflüssige, inhaltsarme Passagen:

🔊 Manche Autoren sprechen, während sie formulieren, jeden Satz ‚innerlich' mit […] Inneres Mitsprechen ist eine ausgezeichnete Methode laufender Kontrolle; wer beim Schreiben Klanggestalten vernimmt, wird schwerlich ausgesprochenes ‚Papierdeutsch' produzieren […] Schließlich sei noch daran erinnert, dass lautes Lesen das beste Mittel ist, um […] die Qualität eines geschriebenen Textes zu prüfen *(Georg Möller, dt. Autor, 1907-1997; 35,488).*

In seiner Zeit als Redakteur gab der französische Politiker Clemenceau einem jungen Kollegen folgenden Rat:

🔊 Bevor Sie ein Adjektiv schreiben, kommen Sie zu mir in den dritten Stock und fragen, ob es nötig ist *(George Benjamin Clemenceau, franz. Politiker, 1841–1929; 1,175).*

Ganz so radikal müssen Sie mit Ihren Texten nicht verfahren, aber hin und wieder sollten Sie sich fragen, ob in einem besonders wortreichen Text wirklich jedes Wort eine Information trägt. Wenn nicht, löschen Sie überflüssiges Füllmaterial. Hans Magnus Enzensberger beschreibt das Kürzen eines Textes wie die Arbeit an einem Bauwerk:

🔊 Sie [die Gedichte] werden jedenfalls in die Maschine geschrieben. Es gibt dann so Trockenphasen, man lässt das trocknen. Dann versucht man, es kaputtzumachen. Das, was sich rausschmeißen lässt, was locker ist, wird rausgeworfen *(Hans Magnus Enzensberger, dt. Schriftsteller, geb.1929; 2,263).*

Ist das Kürzen eines Textes erst einmal geglückt, so werden wir wahrscheinlich Jean Paul gerne zustimmen, der pointiert formulierte: „Sprachkürze gibt Denkweite".

9. Schreibspiele

9. Schreibspiele

Trainieren Sie Ihre „Schreibmuskeln"! Sammeln Sie so oft wie möglich positive Schreiberfahrungen. Schreiben Sie regelmäßig – am besten täglich – einen kurzen Text. Suchen Sie sich zunächst leichte Schreibaufgaben aus, die Spaß machen und nicht mehr als fünf oder zehn Minuten dauern. Sobald Ihnen das Schreiben leichter fällt, können Sie zu etwas längeren Texten übergehen. Eine Auswahl an Schreibimpulsen finden Sie in diesem Kapitel.

Beschreiben Sie einen Gegenstand

Wählen Sie einen konkreten Gegenstand, legen Sie ihn vor sich hin und beschreiben Sie ihn so detailliert wie möglich. In einer weiteren Schreibaufgabe – am nächsten Tag – formulieren Sie Fragen zu diesem Objekt: Wo kommt es her? Wer hat es gemacht? Welchen Weg hat es zurückgelegt, ehe es an seinen jetzigen Platz kam? Was kann man damit machen? Wer braucht diesen Gegenstand und wozu? Schreiben Sie möglichst viele verschiedene Fragen auf. In einer nächsten Schreibaufgabe versuchen Sie, diese Fragen zu beantworten. Die Antworten dürfen auch fiktiv sein. Lassen Sie Ihrer Phantasie freien Lauf! Sie können sich auch von einem Objekt in einem Museum anregen lassen und sich besonders auf die Geschichte dieses Objekts konzentrieren.

Schreiben Sie eine Nonsens-Geschichte

Stellen Sie eine unsinnige Behauptung auf und vertreten Sie Ihre Ansicht mit guten Argumenten. Plädieren Sie z.B. dafür, dass Universitätsgebäude keine Fenster haben sollten oder entwerfen Sie die Zukunftsvision einer Gesellschaft, die ohne Worte auskommt.

Schreiben Sie kurze Geschichten nach Stichwörtern

Suchen Sie beliebige Stichwörter aus einer Zeitungsseite heraus und verbinden Sie diese Stichwörter zu einer Geschichte.

Schreiben Sie eine Geschichte zu einem Sprichwort

Wählen Sie ein bekanntes Sprichwort als Titel einer kurzen Geschichte oder bauen Sie das Sprichwort in eine Kurzgeschichte ein.

Schreiben Sie einen Text nach Ihrem Lieblingsbuch

Wählen Sie aus Ihrem Lieblingsbuch einige Sätze aus und schreiben Sie dann eine Geschichte, in der diese Sätze vorkommen.

Schreiben Sie einen Dialog

Wählen Sie, während Sie in einem Cafe oder in der Mensa sitzen, zwei Personen in Ihrer Umgebung aus, die Sie in Ihrer Phantasie miteinander ins Gespräch bringen. Schreiben Sie diesen Dialog auf. Sie können auch einen Satz oder Satzfetzen, den Sie in Ihrer Umgebung zufällig aufschnappen, zum Ausgangspunkt eines kurzen Dialogs oder einer Geschichte machen. Am besten schreiben Sie Ihren Text direkt vor Ort auf.

Schreiben Sie Ihre Schreibautobiographie

Welche Erinnerungen haben Sie an Ihre ersten Schreibversuche? Wo haben Sie als Kind geschrieben? Welche Gefühle sind damit verbunden? Welche Erinnerungen haben Sie an Ihr Schreiben in der Schule? Wie haben sich diese Gefühle im Laufe der Jahre verändert? Haben Sie auch in Ihrer Freizeit geschrieben? Welche Texte sind so entstanden und welche Gefühle wollten Sie mit diesen Texten ausdrücken? Schreiben Sie lauter kleine spontane Texte zu diesen Fragen.

Beschreiben Sie Ihren Lieblingsplatz

Haben Sie einen realen oder phantasierten Lieblingsplatz? Beschreiben Sie ihn mit allen Details und den Gefühlen, die dieser Ort in Ihnen auslöst.

Schreiben nach einer Zeitungsnotiz

Wählen Sie eine aktuelle kurze Zeitungsnotiz aus und schreiben Sie dazu eine kurze Geschichte. Sie können auch statt der ganzen Notiz nur die Überschrift als Schreibimpuls wählen und Ihre Geschichte einen ganz anderen Verlauf nehmen lassen.

Werbeslogan als Schreibimpuls

Schreiben Sie zu einem Werbeslogan eine Geschichte. Der Slogan kann in Ihrem Text selber vorkommen oder lediglich als Impulsgeber für Ihre Inspiration dienen, die Sie vielleicht in eine ganz andere Richtung führt.

Stilübung nach Queneau

Von Raymond Queneau stammt die Idee, ein und denselben Sachverhalt in ganz unterschiedlichen Stillagen zu formulieren. Nehmen Sie eine Anekdote – vielleicht aus der Zeitung oder aus dem Fernsehen – als Grundlage und erzählen Sie diese Geschichte in möglichst vielen verschiedenen Stillagen und Formen: als Dialog zwischen Wissenschaftlern, Gespräch unter Jugendlichen oder als Darbietung eines Komikers, als Krimi, als Liebesgeschichte, als Pressemeldung, als Tagebuchnotiz, als Parodie, als Brief an einen Freund, als Zeugenaussage vor Gericht, als Märchen, im Dialekt, im Slang, als Gedicht … Ihrer Phantasie sind hier keine Grenzen gesetzt.

Diese Übung können Sie an mehreren Tagen hintereinander machen, indem Sie an jedem Tag nur jeweils *eine* Variante durchspielen.

Fotos als Schreibimpuls
Gehen Sie 30 Minuten mit offenen Augen über Ihren Uni-campus oder durch Ihr Wohnviertel. Fotografieren Sie alles, was Ihnen auffällt. Schauen Sie sich diese Fotos nach einigen Tagen an und achten Sie darauf, welches Bild Sie spontan anspricht. Schreiben Sie zu diesem Foto einen kurzen Text. Sie können das Foto genau beschreiben, so dass ein Leser das Bild vor seinem inneren Auge sehen würde. Sie können sich von dem Foto aber auch zu einer Geschichte inspirieren lassen oder ein Detail des Bildes als Schreibimpuls nutzen. Schließlich können Sie auch mehrere Fotos zu einer Geschichte verbinden.

Schreiben nach Musik
Lassen Sie Musik laufen und notieren Sie einzelne Wörter und Gedankenfetzen, die Ihnen durch den Kopf gehen. Verbinden Sie dann einige dieser Wörter oder Satzteile zu einem spontanen Text.

Geschichten fortsetzen
Wählen Sie aus einem Kurzgeschichtenband eine Erzählung aus, die Sie noch nicht kennen, und lesen Sie nur den ersten Satz. Stellen Sie sich vor, wie die Geschichte weitergehen könnte. Sie können statt des ersten Satzes auch den letzten Satz einer Kurzgeschichte wählen und dazu Anfang und Mittelteil der Geschichte erfinden.

Varianten schreiben
Skizzieren Sie in drei Sätzen eine alltägliche Situation oder Handlung. Notieren Sie dann in Stichworten drei Möglichkeiten, wie sich die Geschichte entwickeln könnte. Schreiben Sie an drei aufeinanderfolgenden Tagen jeweils eine dieser Geschichten auf.

Reizworttext

Notieren Sie auf vielen kleinen Zetteln je ein Substantiv wie „Sand", „Erdbeere", „Beton", „Reise", „Traum", „Echo", „Zufall". Ziehen Sie nach einigen Tagen einen dieser Zettel und schreiben Sie alle Wörter und Sätze auf, die Ihnen zu diesem Reizwort einfallen. Schreiben Sie anschließend von diesem Material ausgehend einen kurzen Text.

Wie Sie sehen, wollen alle hier versammelten Schreibimpulse Sie zu einem kurzen Prosatext inspirieren. Anders als bei lyrischem Schreiben kommen Sie nämlich bei einem Prosatext leichter in einen intensiven Schreibfluss hinein. Wenn Sie aber dennoch lieber Gedichte schreiben, können Sie alle Schreibimpulse auch als Impulsgeber für lyrische Texte nutzen. Wichtig ist bei diesen kreativen Schreibübungen vor allem, dass Ihnen das Schreiben Spaß macht und Sie mit möglichst wenig Selbstkontrolle ins Schreiben hineinfinden. Wenn Ihnen das Schreiben erst einmal zur Gewohnheit geworden ist, werden Sie auch Ihre wissenschaftlichen Texte mit mehr Schwung und Selbstvertrauen angehen. Denken Sie daran, dass man Schreiben nur durch Schreiben lernt, und ergreifen Sie jede Gelegenheit, sich im Schreiben zu üben!

Literaturverzeichnis

1. Achternbusch, Herbert (Hrsg.): Es muss sein. Autoren schreiben über das Schreiben. Köln 1989.
2. Arnold, Heinz Ludwig: Gespräche mit Autoren. Frankfurt/M. 2012.
3. Bergman, Ingmar: Über Leben und Arbeit. Interview mit Jörn Donner. DVD, Schweden 1998.
4. Bienek, Horst: Werkstattgespräche mit Schriftstellern. 2.Aufl., München 1969.
5. Brooks, Van Wyck (Hrsg.): Wie sie schreiben. Acht Gespräche mit Autoren der Gegenwart. München 1969.
6. Cameron, Julia. Der Weg des Künstlers. München 2009.
7. Cowley, Malcolm (Hrsg.): wie sie schreiben. Writers at Work. 2. Aufl., Gütersloh 1960.
8. Curtius, Mechthild: Autorengespräche. Verwandlung der Wirklichkeit. Frankfurt/M. 1991.
9. Czikszentmihalyi, Mihaly: Kreativität. 4. Aufl., Stuttgart 1999.
10. Czikszentmihalyi, Mihaly und Isabelle S. (Hrsg.): Die außergewöhnliche Erfahrung im Alltag. Die Psychologie des *flow*-Erlebnisses. Stuttgart 1991.
11. Elbow, Peter: Writing without teachers. 2. Aufl., Oxford u.a. 1993.
12. Esselborn-Krumbiegel, Helga: Von der Idee zum Text. Eine Anleitung zum wissenschaftlichen Schreiben. 4. Aufl., Paderborn 2014.
13. Esselborn-Krumbiegel, Helga: Schreibblockaden überwinden. In: Berning, Johannes (Hrsg.):Textwissen und Schreibbewusstsein. Beiträge aus Forschung und Lehre. Berlin 2011, S. 335-349.
14. Gantenbrink, Nora: Ich brauche Druck auf den Ohren. Interview mit Gabriela Seidel-Holländer. Uni Spiegel H. 6, Dez. 2013, S. 39.

15. Goldberg, Natalie: Schreiben in Cafés. Berlin 2006.
16. Herwig, Wolfgang (Hrsg.): Goethes Gespräche. Bd. 3, Zürich, Stuttgart 1972.
17. Jean Paul [Richter]: Die Unsichtbare Loge. Hrsg. von Norbert Miller, München 1986.
18. Keseling, Gisbert: Schreibstörungen. In: Jakobs, Eva-Maria, Dagmar Knorr (Hrsg): Schreiben in den Wissenschaften. Frankfurt u.a. 1997, S. 223-237.
19. Koelbl, Herlinde: Im Schreiben zu Haus. Wie Schriftsteller zu Werke gehen. 2. Aufl., München 1998.
20. Kupfer-Schreiner, Claudia: Unbewusste Prozesse beim Schreiben bewusst machen – Experimente der „Bamberger Schreibschule" zur „inneren Sprache". In: Germanistische Studien, Nr.2/2004, S. 18-27.
21. Lindner, Christian: Schreiben & Leben. Köln 1974.
22. Luhmann, Niklas: Archimedes und wir: Interviews. Hrsgg. v. Dirk Baecker, Georg Stanitzek, Berlin 2008.
23. Marbacher Magazin 68/1994: Vom Schreiben 1, bearbeitet v. Friedrich Pfäfflin. 3. Aufl., Marbach 1997.
24. Marbacher Magazin 72/1995: Vom Schreiben 3, bearbeitet v. Petra Plättner. 3. Aufl., Marbach 1996.
25. Marbacher Magazin 74/1996: Vom Schreiben 4, bearbeitet v. Rudi Kienzle. 3. Aufl., Marbach 2000.
26. Markschies, Christoph, Ernst Osterkamp (Hrsg): Vademecum der Inspirationsmittel. Göttingen 2012.
27. Möbus, Mechthild: David Safier gibt Tipps aus der eigenen Schreibwerkstatt. In: TextArt. Magazin für kreatives Schreiben. Heft 2/2012, S. 36-39.
28. Mosler, Bettina, Herholz, Gerd: Die Musenkussmaschine. 2. Aufl., Essen 1992.
29. Murray, Donald M.: Write to Learn. 8. Aufl., Fort Worth 2004.
30. Murray, Donald M.: Shop Talk: learning to write with writers. Portsmouth 1990.

31. Nadolny, Sten: Das Erzählen und die guten Ideen. Die Göttinger und Münchner Poetik-Vorlesungen. München 2001.

32. Narr, Wolf-Dieter, Joachim Stary (Hrsg.): Lust und Last des wissenschaftlichen Schreibens. Frankfurt/M. 1999.

33. Oehlen, Martin: „Das ist ein Abenteuer". Ein Spaziergang mit Norbert Scheuer, dessen Roman „Überm Rauschen" zwei Wochen lang viele Leser beschäftigen wird. In: Kölner Stadtanzeiger, 30./31.10.2010, Magazin 04.

34. Ortheil, Hanns-Josef, Klaus Sibleweski: Wie Romane entstehen. München 2008.

35. Ortner, Hanspeter: Schreiben und Denken. Tübingen 2000.

36. Perrin, Daniel: Schreiben ohne Reibungsverlust: Schreibcoaching für Profis. 2. Aufl., Zürich 2000.

37. Pfotenhauer, Helmut: Jean Paul. Das Leben als Schreiben. München 2013.

38. Pyerin, Brigitte: Kreatives wissenschaftliches Schreiben. Tipps und Tricks gegen Schreibblockaden. Weinheim 2001.

39. Queneau, Raymond: Stilübungen. 4. Aufl., Frankfurt/M. 2007.

40. Rico, Gabriele: Garantiert schreiben lernen. Reinbek b. Hamburg 1994.

41. Ruhmann, Gabriela: Schreibblockaden und wie man sie überwindet. In: Bünting, Karl-Dieter, Axel Bitterlich, Ulrike Pospiech: Schreiben im Studium. Ein Trainingsprogramm. 5. Aufl., Berlin 2000, S.108-119.

42. Sauter, Josef-Hermann: Interviews mit Schriftstellern. Texte und Selbstaussagen. 2. Aufl., Leipzig/Weimar 1982.

43. Scheuermann, Ulrike: Die Schreibfitness-Mappe. Wien 2011.

44. Spinner, Kaspar: Kreatives Schreiben. In: J. Baurmann/O. Ludwig (Hrsg.): Schreiben: Konzepte und schulische Praxis. Sonderheft Praxis Deutsch. Seelze 1996, S. 82-83.
45. Werder, v. Lutz: Kreatives Schreiben in den Wissenschaften. Berlin 1995.
46. Wilhelm, Klaus: Ich handle, also denke ich. In: Psychologie heute 38, 1/2011, S.76-80.
47. Zielke, Wolfgang: Handbuch Lern-, Denk-, Arbeitstechniken. München 1985.

Abbildungsverzeichnis

Titel Ilustration Kapitel 1: Graffiti aus Wien
© Foto: Helga Esselborn-Krumbiegel 2014

Titel Ilustration Kapitel 2: Graffiti aus Wuppertal
© Foto: Helga Esselborn-Krumbiegel 2007

Titelillustration Kapitel 3: Graffiti aus Köln
© Foto: Helga Esselborn-Krumbiegel 2014

Titelillustration Kapitel 4: Graffiti aus Köln
© Foto: VdS 2009

Titelillustration Kapitel 5: Graffiti aus Münster
© Foto: Helga Esselborn-Krumbiegel 2006

Titelillustration Kapitel 6: Graffiti aus Münster
© Foto: Helga Esselborn-Krumbiegel 2006

Titelillustration Kapitel 7: Graffiti aus Rheine
Erik N., © Foto: Hartmut Rubart 2014

Titelillustration Kapitel 8: Graffiti „combat d'idées"
© celeste clochard

Titelillustration Kapitel 9: Graffiti aus Köln
© Fcto: Helga Esselborn-Krumbiegel 2005